济南

杨峰·主编

陈忠·著

风雅长留白雪楼

李攀龙

JiNAN

山东城市出版传媒集团·济南出版社

序

XU

讲好济南故事是我们的使命

看到济南出版社重磅推出的"济南故事"系列丛书，无论是作为济南城市的建设者，还是作为在这座历史文化名城工作与生活了数十载的济南市民，我都深感高兴与自豪。

伴随着这座历史文化名城发展变迁的足音，感受着这座时代新城前行律动的脉搏，我们会感到脚下的大地熟悉而又陌生。当时光列车驶入21世纪第三个10年的历史关口，济南的明天将会怎样，想必是每一位济南人都迫切需要了解的。要知道济南向何处去，首先要回答济南从哪里来。只有了解济南的昨天，才能知道济南的明天。了解济南故事，讲好济南故事，让更多的济南人热爱济南，让更多的外地人了解济南，使之成为建设美丽济南的磅礴动力，是我们义不容辞的使命。那么，了解济南故事，从阅读这套丛书开始，应该是个不错的选择。

济南是一座传统与现代相互融合的城市。一方面，济南地理位置得天独厚，南依泰山，北临黄河，扼南北要道，北上可达京师，南下可抵江南。济南融山、泉、湖、河、城于一体，风景绮丽，秀甲一方。她群山逶迤，众泉喷涌，城中垂杨依依，荷影点点，既有北方山川之雄奇壮阔，又有江南山水之清灵潇洒，兼具南北风物之长。作为齐鲁文化中心，她历史悠久，文脉极盛，建城两千多年以来，文人墨客、名士先贤驻足于此，歌咏于此，留下无数美好的诗篇。近代开埠以来，引商贾、办工厂、兴教育，得风气之先，领一时风骚。这些都是济南的老故事。

另一方面，作为山东省政治中心、经济中心、文化中心，当前的济南正面临新旧动能转换起步区、中国（山东）自由贸易试验区济南片区、黄河流域生态保护和高质量发展三大国家战略叠加的重大机遇，正对标习近平总书记

JiNAN

"走在前列、全面开创"的目标要求，阔步从"大明湖时代"迈向"黄河时代"。今日之济南，围绕"打造四个中心"，建设"大强美富通"现代化省会城市，努力争创国家中心城市，统筹谋篇布局经济社会发展，大力发展大数据与新一代信息技术、智能制造与高端装备、量子科技、生物制药、医疗康养等十大千亿级产业集群，加快产业转型升级，一大批重大工程、重大项目落地投产，城市发展充满了无限生机。同时大力推进城市建设管理更新，中央商务区勃然起势，"高快一体"快速路网飞速建成，城市容颜焕新蝶变，城市品质赋能升级，城市文明崇德向善，生活在这座城市里的人们，有着以往从未有过的获得感、幸福感和安全感。现在的济南又趁势而上，加快实施公共卫生应急管理、营商环境优化、双招双引、项目建设、科技创新、城市品质提升、扩大对外开放等十二项重点攻坚行动，踏上了更为壮阔的高质量发展新征程。这是济南故事的新篇章。

作为时代变化的参与者、见证者，同时也应是优秀传统文化的守望者和美好故事的讲述者，我们有责任深入讲好济南故事，告诉世人济南的前世与今生。但也许是尊奉礼仪之邦"讷于言而敏于行"的古训吧，这些年我们做了很多，讲得却还不够。济南出版社策划出版"济南故事"系列丛书，可谓正当其时。它从多层面多角度挖掘、整理和诠释济南风景名胜、人文历史，向世人娓娓道来，并以图书的形式呈现出来，是一件有着深远意义的事情。我希望这套丛书能成为一把钥匙，为读者打开一扇门，拨开历史的风尘，带领读者穿越时光，纵览波澜壮阔的历史长卷，与往圣先贤来一场跨越时空的对话。

翻开它，我们走进历史；合上它，我们可见未来。

中共济南市委常委、市委宣传部部长　杨峰

目录
MULU

李攀龙：风雅长留白雪楼

JINAN 济南故事

第一章

玉兰花开白雪楼

此刻，两株白玉兰，在白雪楼旁亭亭玉立。在一片雕栏玉砌中，它们的温润简静，是不是给人一种清旷高华的与众不同？

"春尽芭蕉未著花，玉兰双倚丽人斜。"

一枚花瓣，悠然地飘落而下。它飘落的速度，多久能走完我与李攀龙之间的距离？

我知道，关于春的故事，已经开始生机盎然了。

很多次，我站在趵突泉北面的广会桥上，遥想那个叫李攀龙的明朝男子。

想他的"解度新声瑟懒调"；想他的"城头一片西山月"；想他的"燕山寒影落高秋"；想他的"浮云半插孤峰色"；想他的"二月城头柳半黄"；我更想他"谁向孤舟怜逐客"……

我一直想写写李攀龙，写写趵突泉畔的那座带戏台式的二层仿古建筑白雪楼，写写白雪楼两侧的高大挺拔的玉兰树。

我曾多次走过白雪楼，坐在泉溪边，默默想起他那"开帘署有青山色，对酒人如白雪枝"的诗句。

然而，我却一直没有铺笔。

不仅仅是因为隔世经年，也不仅仅是因为历史久远。

总觉得他就坐在不远的亭台水榭里，在一片依依垂柳的后面，观泉，读书，衔杯，写诗。在阳春里，看见白云，我想起了白雪映照的那一廊的画栏。

我不知道，笔下的他，是我想象中的那个"文章万古垂大业，富贵浮云非所求"的汪洋恣肆的李攀龙，还是另一个"青樽何处不蹉跎，白发相看一醉歌"的疏狂达观的李攀龙。

嫣然一笑的梅花刚过，得意的春风就来了，带来了含蓄过后的多情，也带来了风流之后的婉转。

万物复苏，开始生命的轮回。

细雨初霁，柳色清新，曲径和花木被滋润得纤尘不染。看着泉池上泛着的水花，每一个路过的人，都会在心里荡起一层层涟漪；而羁旅的漂泊，似乎有了停泊的心绪。

槛泉西畔漱清流，酌水能消万斛愁。

白叟黄童争击壤，春来有事向东畴。

无忧泉

  当你读罢晏璧的这首《七十二泉诗·无忧泉》，再去看趵突泉公园里的无忧泉，尘染的心，是否开始清澈通透起来？

  细雨中，草木葱郁。

  有清脆的鸟语，从洒着无数雨点的水面上溅起来。

  无忧泉池呈不规则形，面积672平方米，以自然石缀岸。泉水清澈碧透，水中石影随波颤动；飘摇的水草，嫩绿；锦鱼在水中嬉戏……泉水漫石穿溪，流进北面的趵突泉内。

  世间何处有此等美妙之境？

  内心豁然，自然会有恬静、清淡。

  我从无忧泉那边过来，驻足在泉流比较温婉的石湾泉边，正准备用手机将一只觅食的麻雀拍下来。忽然，我看见一个女孩指着白雪楼西侧的那株没有叶子的玉兰树，对她的男朋友说："你看，那树上的花儿，好像一只只温润的羊脂玉杯呀。"

虬枝上铺满了白玉兰花。

空灵，安闲。

我也被那些白鸽一样的玉兰花迷住了。

那一树牙白的玉兰花，在冷暖阴晴之间，干净地开着，通透地活着，有着异于人间草木的别具一格的含蓄不尽，在风流婉转的早春，散发出阵阵的清香。

它们窈窕、妩媚，安静地绽放着。远远地看过去，它们真的就像一只只展翅欲飞的信鸽，而那淡蓝的天空，则是它们清简的背景。

此时，我心里的春天，便有了些许的衡兰芷若。

是泉水，滋润出了白玉兰的雅逸，让我们自然而然地想起一个玉一样纯洁的女子，在和风中婀娜多姿，耄出了绵密的春暖。

是玉兰花，鲜亮了细雨中的白雪楼，使之显得清高洁净。

趵突泉畔的这座白雪楼，是明代诗人李攀龙的藏书之处，它在漫漫光阴中，见识过无数莺歌燕舞，也历经过万千风物景象。

有白雪楼，济南人才知：大东风雅。

也正是因为有了白雪楼，我们才会常常想起：阳春白雪。

此刻，两株白玉兰，在白雪楼旁亭亭玉立。在一片雕栏玉砌中，它们的温润简静，是不是给

白雪楼前玉兰花开

人一种清旷高华的与众不同？

"春尽芭蕉未著花，玉兰双倚丽人斜。"

一枚花瓣，悠然地飘落而下。它飘落的速度，多久能走完我与李攀龙之间的距离？

我知道，关于春的故事，已经开始生机盎然了。

我不知道，7岁就读于趵突泉边勺沧园①的李攀龙，是否见过如此冰清玉洁的玉兰花；但我知道，他并没有见到这株玉兰树旁的白雪楼。

他更不会知道，这是在他去世后的明万历年间，山东右布政使叶梦熊拿出自己的俸禄，在勺沧园西边建起的一座纪念他的白雪楼。

白雪楼西临无忧泉，坐北朝南，五间两层，前面出厦，落地木槅，起初称"历山书院""白雪书院"。直到清嘉庆八年（1803），楼上房檐下方出现了"白雪楼"匾额。

清光绪年间，在此居住的胶州人匡源在门的上方雕刻了"李沧溟先生祠"匾额。

房舍后，是李姓居住地。

白雪楼的四周，绿水环绕，山石掩映。楼前有因泉水清湛、甘香味美而得名的湛露泉，因池边巨石驳岸状如水湾而得名的石湾泉，因其水甘洌如酒而得名的酒泉（古时，常有文人墨客携歌姬来此饮酒赋诗，有醉者将酒倒入泉中，让歌姬们畅饮，酒香伴着泉香令众人无不赞叹，故得名）。

三泉一字排开，既相互连通，又相对独立、自成一景，泉水经年不枯，宛如三面平镜，映照着光阴在天空中的痕迹。

此等美景，唯白雪楼独有。

---

① 勺沧园，即现在趵突泉内的沧园，是明代著名诗人"后七子"领袖李攀龙幼年读书处。

湛露泉

石湾泉

酒泉

白雪楼曾几度重修。

明万历十七年（1589），时任山东右布政使的岭南人叶梦熊仰慕李攀龙才学，为救斯文于不坠，在李攀龙少时读书的勺沧园西边修筑起泺源白雪楼，以寄托对李攀龙的追念之情。

明代著名书法家邢侗得知在趵突泉畔修筑白雪楼，按捺不住内心的激动，写下了《题趵突泉图寄所知中有白雪楼》二首：

其一

斯人不可见，小筑宠斯文。

雪色照梁月，云光清户薰。

瀑急玉虹立，石翻苍苻纷。

我亦郡中士，缅想空氤氲。

其二

十载曾过此，重来兴未央。

马蹄穿筱入，酒榼逼林香。

碧揖南山夕，清邀北渚凉。

画图堪省识，一为寄川光。

明万历四十二年（1614），山东巡盐御史毕懋康在楼西侧建起历山书院。可惜，白雪楼在明末倾圮。

清顺治十一年（1654），时任山东布政使的张缙彦又重建白雪楼并重修历山书院，同时将历山书院更名为白雪书院。①

作家侯林先生说："从叶梦熊到毕懋康再到张缙彦等山东官员，他们之所以不遗余力地建造、修茸白雪楼，乃是他们深知李攀龙与白雪楼于整个山东和济南的价值，乃是他们有着高远的文化视野。李攀龙作为明代'后七子'的领

---

① 参见侯林、侯环《李攀龙与白雪楼》。

袖人物，举世公认的'风雅正宗'，是济南的文化标志、文化旗帜，他同时体现着济南文化与齐鲁文化的精神高度。"

清乾隆元年（1736）夏秋之交，时任山东巡抚的岳濬，在其离任山东之前夜，将白雪楼强制拆毁。

而面对废墟，济南诗人杨绅在其《忆王孙·吊泉上白雪楼》中写道：

> 萋萋芳草对斜阳，
> 白雪楼荒空断肠，
> 燕子无情水面忙。
> 月昏黄，
> 惟有泉声呜咽凉。

清乾隆之后，趵突泉白雪楼再无修筑。

其实，清乾隆之后，人们所指的白雪楼，只是一座白雪书院。清嘉庆、道光年间的济南诗人周乐的一首《白雪书院有感》即为此说的佐证，此诗的副题是"在城西趵突泉上，即白雪楼故址也"。因为是济南人，所以，周乐对于这段历史是熟悉的。

当然，济南人出自对白雪楼的无限惋惜与怀恋，只能也只好将白雪书院称之为"白雪楼"以寄情思了。①

明代济南诗人光庐在《趵突泉白雪楼》中写道：

> 人去楼空济水头，栏杆倚遍忆风流。
> 白云黄鹤杳何处，山色溪声共一楼。
> 长夜漫漫知古恨，知音落落到今愁。
> 岭南大雅关同调，春鸟喂喂自可来。

---

① 引自侯林《284 年前的劫难：趵突泉白雪楼被毁》一文。

1956年，白雪书院因破烂不堪而被拆除。

1995年，济南市政府为加强文化建设，恢复名胜古迹，筑建了今天的白雪楼。现在的白雪楼，建筑面积约400平方米，有配廊，为带戏台式二层仿古建筑。

前面出厦，落地木槅，红柱花窗，古朴典雅。

楼前，立有李攀龙后人和当代学者书写的《重修白雪楼记》碑。

白雪楼的门楹，取自明代著名诗人边贡的后人——边习的《登白雪楼怀李于鳞》诗：

泺源风景冠齐州，更筑诗豪白雪楼。

人拟古今双学士，天开图画两瀛洲。

云间黄鹤还飞去，海上沧波欲倒流。

聚散存亡余感慨，转怜花鸟不知愁。

现在，让我们走进白雪楼，去看看。

走近正堂，我们便看见一尊博带素袍的李攀龙全身坐姿铜像。其面容清癯，神情含蓄，低眉紧蹙。

厅内有其朋友、学生及当代名人所题写的诗文匾额，西墙上挂有大幅《会友图》，再现了当年李攀龙先生传送诗词的盛景。

楼上房檐下，悬挂着清嘉庆八年（1803）金光悌所书的"白雪楼"匾额。

白雪楼内，仿佛只有散淡的时光、草木的温润，我们目光能触及的东西太少。这样也好，空出来的地方，我们可以摆放些明朝的溪山和云水、绕夜的朱弦、长嘶的石马、广陵的秋色，或者城头的山月、清简的苔光、槛外的秋阴、古寺的马蹄……窗外，春风吹绿了旧事里的枝头，雨声缠绵了往事里的苍颜。

那楼前玉兰树上开放的花朵，有哪一朵是去年开放过的呢？

一切皆是过往，一切皆意味深长。

白雪楼中的李攀龙塑像

清道光年间进士、曾任南昌知府的冯询，以其杂诗《咏李攀龙》，对李攀龙的生前身后做了十分贴切的总结：

> 不读西汉后文，不谈天宝后诗。
>
> 平生持论亢不卑，诗文乃与世转移。
>
> 后人更摘七字疵。
>
> 我寻白雪楼，故址不可追。
>
> 呜呼！岂惟故址不可追，公方没世泽已衰。
>
> 君不见，西邻卖饼姬。

走出白雪楼，看着白玉兰花上凝结的露珠，我突然就想起了刘敕的那首

《醉歌，怀李于鳞》：

> 楼下泉光飞晴雪，楼上山光半明灭。
>
> 昔人一去此楼空，吟魂不散香云结。
>
> 有客闲来上此楼，昔人不见使人愁。
>
> 自怜同调独成醉，一曲阳春水不流。

往东，过酒泉，继续前行，在不远处，就会看见为纪念李攀龙所建的沧园。

沧园，在趵突泉公园的东南方向，是一处园中之园，原名"勺沧园"，取沧海一勺之意。

沧园是园中园式的传统庭院建筑，大门朝西，原为白雪书院的故址，清末以后曾多次改为学校。趵突泉公园扩建时，沧园划入公园，1964年重新改建，占地2500平方米。

沧园有两个大院落，三座大厅，南北在一个中轴线上，厅外四周有游廊环绕。园周曲廊相围，沿廊修竹婆娑。院内多置山石，陈列大型盆景，苍松挺拔，蜡梅明黄，突出了冬季景观。尤其雪后时刻，松竹梅各展风姿，构成一幅"岁寒三友图"。北大厅的北面有宽广的平台，台北即枫溪池塘。园的西北部与游廊相接的是"枫榭"，探入水中，与枫溪中月岛上的树木相映，构成绝佳景色，并可望到来鹤坊与泺源堂及水榭茶厅。向东可看到山石树木之后的假山，景色深远，成为公园内的风景透视线。

园里还有2株300余年树龄的罗汉松，高2米，树干直径26厘米，四季常青，苍古清秀，是济南园林中独有的露地栽种的罗汉松大树。据说，是从浙江省某一山村购买后移植在沧园的。

沧园之内有著名画家王雪涛纪念馆。

纪念馆内有"无陋山庄""萝月堂""瓦壶斋"等展厅。

沧园

王雪涛（1903—1982），河北成安人，原名庭钧，字晓封，号迟园。其自幼喜绘画，1918年入保定直隶高等师范附设手工图画科，毕业后到小学执教。

抗战爆发后，王雪涛以卖画为生。同时，他集中精力向传统学习，在上追徐渭、陈淳的同时，又拜当代名家齐白石、陈半丁为师，画艺大进。他擅长小写意花鸟绘画，其作品构思精巧、清新秀丽。王雪涛与潘天寿、李苦禅等齐名。王雪涛逝世后，其夫人——自幼居济南的徐佩蕙女士将丈夫毕生杰作无偿捐献给济南市人民政府。如今，王雪涛纪念馆内珍藏着他的200余幅珍品遗作，供游人观赏。

王雪涛

沧园南院西侧，有一眼泉，隐于花木绿荫之中。泉池呈不规则形状，巧石叠嶂，别有一番风趣。泉因园而名，称为"沧泉"。

JiNAN 济南故事

第二章

≋

攀龙降生广会桥

明正德九年（1514）四月十八日，李攀龙出生在济南西门外广会桥西边的西关柴市路南，也就是现在的济南市市中区长春观街。

那座广会桥，就是剪子巷的大板桥。

56年后，李攀龙在他的出生地过世。

此时，我正站在广会桥上等那个叫李攀龙的明朝诗人。

一帘天青色的烟雨之后，鲜嫩了鹅黄的柳丝。

一溪清澈的泉水，从桥下徜徉而过；被雨水洗过的天空，显得格外干净。白云从摇曳多姿的水草上飘过，也飘过水底银色的沙粒和几尾红色的锦鲤。

一个秀发随风飘扬、着一袭白色长裙的女孩子，轻执一把粉色的油纸伞，从我的凝眸中悄然穿过。

广会桥也叫大板桥，是一座清朝同治年间重修的单孔、一跨六米的石拱桥。桥宽丈许，长约两丈。大青石铺就的桥面微微有些隆起，桥上有石刻的栏杆望柱。广会桥古朴庄重、造型别致、厚重优美，就像横卧在潺潺流水之上的一首水乡小诗。

从广会桥往南数百米，就是天下第一泉：趵突泉。

广会桥（也称大板桥）老照片

趵突泉、杜康泉、登州泉等众泉水均从广会桥下流过，再经东边的夹河桥，逶迤向北，汇入护城河，再从泺源桥一直北去。

明末清初，这里曾是一片沼泽地，间有养鱼种藕的池塘，有寥寥可数的三两间茅舍。后来，藕池被逐渐废弃，填成平地，陆续出现了民居和店铺，有了倒挂的垂柳，也有了泉水汇成的河流，形成了大板桥、小板桥、柴家巷、郝家巷、冉家巷、西券门巷、曹家巷等几条街巷。临河人家都有几块探到河水里的青石板，人们在青石板上淘米、洗衣、刷锅，也有光着屁股的孩子在河里玩水打闹。因为河水是由地下涌出来的泉水汇成，冬天的水面云蒸雾绕，宛若仙境。

著名美食家、散文家唐鲁孙在他的《济南的泉水和鱼》一文中，记述了旧时大板桥所在的剪子巷一带独特的风貌：

20世纪初的剪子巷老街

济南城内地下沟渠密布，潜流纵横，随手自地上掀起一块石板，泉水便源源涌出，伸手就能捞到又肥又大的青草鱼。

城南有条叫"剪子胡同"的路，不论天旱天雨，这条街总是积水盈寸，路人都得自两旁骑楼下绕道而行。当年张宗昌为山东督办时，曾命人在剪子胡同加铺一层三寸厚的石板，怪的是三寸的石板铺上了，水却依然漫出一寸多。这石板下的泉水，夏季凉透心扉，可冰水果；冬季蒸气迷蒙，有如温泉。掀开石板，水中密密长满绿如青苔的长水草，成群的青草鱼悠游其间……

站在广会桥上，我不由得想起了公元前694年的春天，想起了在广会桥相会的两位国君：鲁桓公与齐襄公。

据春秋末年鲁国史官左丘明编纂的《左传》记载，鲁桓公十八年（前694）春，"（鲁桓）公会齐侯（襄公）于泺。公与夫人姜氏遂如齐"。意思是说，鲁桓公在"泺"这个地方与他的妻舅、当时的齐国国君齐襄公相见，然后和文姜（鲁桓公之妻）一起前往齐国的都城。齐、鲁国君相会，这在当时是两国之间交往的一件大事。于是，"遂筑会盟台于泺"，取名为"泺上台"。

清代乾隆年间，济南著名诗人任宏远有一首题为《泺上台》的诗：

> 草满荒台泺上寒，当年齐鲁旧盟坛。
>
> 如云如水同归处，百尺横梁不忍看。

那次相会，让我们记住了一个名字，她美玉环佩轻摇叮当，有着木瑾花一样红白相映的娇容，她就是悄然立在趵突泉边的春秋第一美女——文姜。

明正德九年（1514）四月十八日，是个值得纪念的日子。

这天，日后的明代著名文学家、"后七子"的领袖人物李攀龙，出生在济南西门外广会桥西边的西关柴市路南，即现在的济南市市中区长春观街。

56年后，也就是隆庆四年（1570）八月十九日，李攀龙在他的出生地西关柴市祖宅溘然过世。

广会桥，就是昔日剪子巷的大板桥，其桥现在趵突泉景区内。[1]

---

[1] 据济南文史研究学者雍坚研究，这个西门外居所应该是李攀龙出生之地。崇祯《历城县志·卷十一》记载："李攀龙宅，西关柴市路南。"需要注意的是，柴市并非柴家巷。《历城县志·卷三》记载："柴市，广会桥西。"广会桥，也就是大板桥。桥西那条街，今天我们称之为长春观街，清末《省城街巷全图》上标为五路狮子口。

　　清末前，人们要想从城内去趵突泉，必须出西门，沿途经广会桥，再由城西南经趵突泉到西门进城，广会桥是交通要冲。由于它广会四方往来的游人客商，从而也就有了"广会"之名。

　　站在广会桥头，顺河道向北望去，百米外，又出现了一座与水面平行的小石桥，这便是与大板桥遥相呼应的小板桥。小板桥原名"众会桥"，"众会"和"广会"的含义相去不远。除了小板桥，在这条小水巷上还有两座小桥，分别位于小板桥东与东南。这里，水巷、民居、小桥融为一体，其情景恰如明代济南诗人王象春《齐音》中那首题为《北溪》的七言绝句所描绘：

　　　　一曲溪流一板桥，浣衣石面汲泉瓢。

　　　　家家屋后停针女，树底横舟手自摇。

　　济南民间有"先有长春观，后有济南府"的说法。

　　长春观位于济南市市中区长春观街1号，是济南市现存最早的道观，创建于北宋大观年间（比齐州升为济南府早5年），曾经是"全真七子"之一丘处机修炼的地方。

　　长春观原来的建筑群规模很大，南至长春观街，西连土街，东接大杆巷，北至盛唐巷。现在的长春观只是原来的一部分。

济南长春观全景

　　长春观曾十分宏伟，宋、元、明、清皆有维修；但自明末以后，除保有大门及中轴的大殿、后阁等主要建筑外，其旁院多成为民舍。现有大殿与配殿都是近几年重修的，只有后阁楼是早年的旧构。

该阁楼为二层三开间，砖木硬石结构，二层有外走廊，顶为琉璃瓦，楼板上有清人所刻云龙纹和暗八仙图案。

院内殿后有丘子洞，明朝地方志书称"洞深十余里"。

谁也不会想到，李攀龙的爷爷李端，当年在西关柴市是一位出了名的赌徒。

家财万贯也还罢了，关键是家里一贫如洗，李端还是经常出入赌场，而且，常常是"一掷箕钱数万"。

令人称奇的是，李攀龙的爷爷不但有赌博的才能，而且运气也好，竟然靠赌博积攒了很多财富，改变了贫困的生活和自己的命运。他没有像别的赌徒那样海吃海喝，把赢来的钱一股脑地挥霍掉，而是用赢来的钱投资做了生意，你还别说，生意做得也很成功。

就这样，一来二去，李攀龙的爷爷就成了西关柴市一带家喻户晓的大商人，买了一处大宅院，过上了衣食无忧的富人生活，还花钱请先生教儿子李宝识文断字。

有人说，生活，是用一种欲望代替另一种欲望的过程。

李端有了钱，也就有了欲望，而这欲望不是别的，竟是劝说左邻右舍的青少年改掉赌博恶习，跟着他一起做生意。后来，很多人跟着他发了家、致了富，过上了既场面又有尊严的小康生活。

李攀龙的爷爷是个性情豪爽、慷慨大方的男人，乐善好施，扶贫济困。遇到有穷苦的人家揭不开锅，或家中遇到丧事无钱安葬，他会二话不说，伸手相助，帮人渡过难关，毫不含糊。所以，在西关一带，提起李端的大名，真的是无人不知无人不赞，李端因此留下了很好的名声。

在济南，民间有个关于李端与盗贼的传说：

一天，有个盗贼偷李端贩卖的丝织品，恰巧被李端撞见。李端二话没说，上去就薅住了盗贼的棉袄领子，斥问道："你为什么偷我的货，我还指望它养家糊口呢！"

盗贼一边告饶一边怯怯地说："俺身上没钱，已经三天没吃饭了，大爷你就放了俺吧。"

听了盗贼的话，生性豪爽的李端一没拳打盗贼，二没把他送进官衙，反而掏出一千文钱塞给了盗贼，让他当回家的盘缠，并告诉他以后别干这种下三烂事了，回头也做个小买卖，好好过日子。

盗贼被李端放了后，并没有改恶向善，而是继续在江湖行窃，变本加厉地偷盗，最后成了一个江洋大盗。

有一天，他经过济南时，突然想起当初李端善待他的事。于是，他夜里搬了满满一箱银子，赶到李端家门口，一边敲门一边喊："李端大爷，你出来一下，俺是那个谁呀。"

看到屋里有了光亮，盗贼觉得没脸见李端，放下银子就闪了。

李端打开屋门后，差点被脚下的木头箱子绊倒。他打开箱子一看，哇，怎么都是大银锭子？他赶紧去追那个盗贼，可那盗贼连个影儿也见不着了。

李端只好把满满一箱银子搬回屋里。他和老婆杨氏守着这么一大笔横财，哪里还能睡得安稳。莫非这就是传说中的"盗亦有道"？可这钱来路不明，他要是花了，那不是知赃用赃吗？可要是不花，他退也没处退呀！

一晚上思前想后，最后李端有了主意，将一箱的银子捐给了香火不断的东岳庙。

李端去世后，人们在济南城南门外供奉泰山神东岳大帝的东岳庙内建了一座祠堂，为李端专门设立了一个牌位，在伏祭和腊祭之日进行祭祀。

"有其父，必有其子"，这话还真没错。

李攀龙的父亲李宝，也是个豪放不羁的人，性情有点像李攀龙的爷爷，用现代人的话来说，就是一个"开心了就笑，不开心了就过会儿再笑"的角儿。靠着老爷子留下的一大笔家产，李宝天天手不离酒，和朋友们推杯换盏，仿佛只有酒能让他感受人生的爽快，而且他酒量大得惊人。据说，在酒桌上，他一个人能把四十多个人灌趴下，自己却很清醒，甚至不耽误回家睡觉做美梦。

有一年，李宝到京城掌管全国文官的吏部参加选拔，在赴京的路上，经历了一次惊心动魄的"虎口脱险"。

当时明朝的天下，出现了不少自然灾难和农民起义，而饥荒和动乱会让人铤而走险。

当李宝从济南走到河北省的河间道时，在一家小旅店住了下来。住下后，他无意中发现，店里有个做腊肉的客人，总是鬼鬼祟祟地与人密谈，还不时地朝自己这边窥视。李宝立马警觉起来，心想：那人会不会是个杀人越货的匪徒？李宝毕竟是见过世面的人，何况，还是个山东大汉。他没有慌张，表面上依然若无其事，等到天色向晚、众鸟归林后，他乘人不备，迅速逃离了那家凶险的旅店。

至于那家是不是黑店，这不重要，重要的是，经过此次历险，李宝再不敢入京赴吏部应选了。

别再想好事了，还是老实待在家里牢稳，喝着小酒，日子一样滋润。

随后，李宝决定到德王府做一个典膳。

明天顺元年（1457）三月，英宗皇帝朱祁镇封他的第二个儿子朱见潾为德王，让他在德州建王府。朱见潾不满意那个地方，以德州风沙太大为由，奏请搬迁到有山、有泉、有湖、有河的济南。然而，这一请求却没有得到英宗皇帝的批准。直到成化元年（1465），宪宗朱见深继承皇位后，才批准德王改驻济南，并把已废齐王、汉王在东昌、兖州的邑地及济南府属的白云、景阳、广平三湖之田赐给了朱见潾。

随后，德王朱见潾在济南将原山东都指挥司署迁走，将其原址改建成德王府。

明代的藩王虽被分封各地，但只是安富尊荣，并不干预地方政治。

德王府建成后，成为济南城内规模最大、精美豪华的建筑群，建有三座大殿，分别为承运殿、圜殿和存心殿，并建有正宫、东宫、西宫。德王府下设长史司、审理所、仪卫司、群牧所、纪善所、典宝所、典膳所、典仪所、奉祀所、工正所、良医所等机构。

德王府内有珍珠泉和濯缨湖，珍珠泉上建有渊澄阁，阁后是孝友堂和燕居斋。朱见潾在元人所建的白云楼废址上修建了濯缨轩，并在濯缨湖北岸堆叠假山。濯缨湖，由珍珠泉、散水泉、灰泉、朱砂泉、溪亭泉等泉水汇聚而成。湖水自南而北，绕过一座假山，而后流出宫墙，经过曲水河，汇入大明湖。

德王府宫墙高耸，碧瓦雕梁，奇花异草，泉池遍布，石桥曲径，画舫轻舟，堪称京城之外的王宫御苑。

朱见潾曾在濯缨湖上写过一首诗：

> 印月池头月正明，主人曾此濯冠缨。
>
> 肯夸风景殊人世，却爱源流合圣清。

当年的德王府，就是以现在济南泉城路上的珍珠泉大院为中心。

德王府是明代最大的藩府之一，全盛时期，面积占济南老城的三分之一，相当于紫禁城72万平方米面积的一半略小。其边界南至今泉城路，北至后宰门，西至芙蓉街，东与旧历城县署隔路相对。德王府清代以后成为风景名胜之地，人称"德藩故宫"。

德王朱见潾还将长清五峰山附近之青崖山划为陵园，成为历代嗣王的坟茔陵园[①]。

李攀龙的父亲李宝所担任的典膳官，主要负责掌管德王府的膳食之事。

每逢王府邀客宴饮，李攀龙父亲李宝的职责就是负责上酒菜，陪客人饮酒聊天，说白了，就是王府里的食客、陪客。这种职业，需要"见人说人话，见

---

① 现位于济南市长清区五峰山南麓的明德王墓群遗址。

现在的珍珠泉大院即为当年德王府的中心

鬼说鬼话"，看客人的脸色行事，有时还要点头哈腰，没有一套察言观色的本事，是难以胜任的。

李宝的酒量很大，大碗大碗地喝，从没人见他醉过，而且是越喝越能拉呱聊天，不但高谈，还能阔论。时间久了，他渐渐有些不喜欢这个差事了，总觉得很憋屈。私下里，他常对身边的人说："俺怎么着也算是个场面上的爷们，咋能让俺大气不喘、敛衣长跪、毕恭毕敬地侍候别人呢？"

于是，李宝就不想伺候了，一甩手，谢职不干了。

他不和那帮不把自己当回事儿的家伙们玩了。

李攀龙的爷爷李端去世前，曾放过很多高利贷，据说，债券能装满一箱子，即使不算利息，光把本金收回来，就是一笔数量可观的财富。

左邻右舍，因还不上债，常常一看见李攀龙的父亲李宝的影子，就慌忙躲避起来。

一天，李宝当着乡邻们的面，点着一把火，把满满一箱子债券都烧成了灰烬，然后说："借出的钱财，算俺捐了，俺没有怨言。整天怀里揣着上辈子人留下的烂纸片子，让乡里乡亲见着俺就躲，俺心里也不舒坦。这下好了，都烧了，都没负担了。"

这样一来，李家祖传的财产就所剩不多了。

再加上李宝爱喝酒，又不善治家理财，到李攀龙出生时，李家的经济状况已大不如前。

李攀龙的父亲李宝先后娶过两个妻子。

初婚时，娶的妻子是郭氏，生有两个儿子：老大叫登龙，老二叫跃龙。

后来，郭氏离世。

李宝28岁那年，又续弦娶了16岁的张氏。

张氏的父亲张平是一个校尉。这是个武官官职，在汉朝，其地位仅次于将军。校尉有自己统领的军队，其实际影响力，有时候可能会超过将军。

张氏性情贤淑、深明大义，过门后，对郭氏遗留下的两个孩子疼爱有加、悉心照料。

正德九年（1514），张氏有了身孕。

传说，张氏临产前，曾梦到有一轮红日投入怀抱，不久，就生下了一个男孩。李宝给这男孩取名攀龙，字于鳞。几年后，张氏又陆续生下了两个男孩：一叫化龙，二叫成龙。

随着人口的增多，李家的生活负担越加沉重起来。

嘉靖元年（1522）五月，年仅36岁的李宝突然离世。

李宝离世时，张氏才28岁，李攀龙刚满9岁。他的大弟李化龙天生愚笨，常常一个人仰起头来，整天就知道痴憨地傻笑；小弟李成龙才刚过满月，还在哺乳期。

李宝的母亲杨氏很疼爱前房郭氏留下的登龙、跃龙两个孙子。李宝一撒手离世，杨氏怕年轻的张氏带着三个男孩分走家产，就时不时地拿刻薄的话损张氏，也不给她好脸色看，试图逼张氏带着三个孩子空手离开李家。

李攀龙的母亲张氏面对婆婆的百般刁难，一直忍辱负重，为了三个孩子，她坚强地活着。

她说："我只是不忍心让三个孩子不明不白地吃嗟来之食，也不想让他们和我一起辗转被填埋在沟壑。如果孩子们死去的父亲问起'那三个孩子现在在哪儿呢'，我该怎么回答？所以，我发誓绝不能让这三个孩子无依无靠、流落街头。"

精诚所至，金石为开。

后来，李攀龙的奶奶杨氏慢慢地转变了对张氏无理取闹的态度，脸上也有了些许的温和，张氏也由此更加孝敬和善待婆婆杨氏。

有一年夏天，杨氏突然患了重病，卧床不起，身上多处因感染而化脓，甚至有的地方都出现了溃烂。

李攀龙的母亲张氏不计前嫌，床前床后地细心侍候着婆婆，冒着炎热和酷暑，每天煎汤熬药，端到床前喂药。她还要经常帮着婆婆翻身，为她擦洗身子，生怕婆婆长了褥疮。张氏一直照料着婆婆杨氏，直到杨氏去世后入土为安。

街坊邻居都夸李攀龙的母亲是个贤惠的儿媳。

李攀龙同父异母的六哥和他的媳妇，在父亲去世后，就开始不顾及亲情，整天找碴儿，想另起炉灶。李攀龙的奶奶杨氏过世后，他们夫妻就更加肆无忌惮了，嫌弃李攀龙兄弟三人年幼不能下田种地，逼迫李攀龙母亲分家。

原本一个失去丈夫的女人，带着三个孩子生活就够艰难的了，再一分家，就更没人帮衬了。但不分家，李攀龙的兄嫂就会整天闹腾。

他们最后还是分家了，但所分的家产难以维持生计。无奈之下，李攀龙的母亲只得东挪西借，一面靠借贷维持生计，一面卖掉济西洺水附近肥沃的田产；换取岱山附近的田地租给别人耕种以收取地租。谁知租地的人又赖租不交，李攀龙的母亲哭着央求道："我们孤儿寡母不容易，靠这点田地生活，又不是收成不好，为什么赖掉我们的租子呢？"租子要不上来，原来欠下的债却连本带息都得归还，岱山附近的田地因此就保不住了，被富户强行收走充债。

李攀龙的母亲带着李攀龙兄弟三人离开老宅院，另租赁房屋居住。她不辞劳苦地靠给人做针线活、洗衣、帮工维持着清苦的生计。因天天手工劳作，她的手掌上布满了层层老茧，一到寒冷的冬天，手背皮肤就会皴裂，然后出现血口子。

就是这样，也难以满足四张嘴的吃喝。没有办法，一家人常常一天只能吃两顿饭，有时，一天只能吃一顿。可想而知，李攀龙儿时的生活是多么艰难辛苦。如此困境，母亲却依然叮嘱李攀龙专心读书。

为了给李攀龙交学费，母亲就让天生愚笨的二儿子李化龙去给人打工挣点小钱，结果还是不行，就又把最小的儿子李成龙过继给了别人家。

从古至今，每一位伟大的文学家背后，都站着一位伟大的母亲。而这些伟大的母亲，几乎都是睿智果断、深明大义、有层次、有见识、三观极正的女性。历史上有诸多典型的事例，比如孟母三迁、陶母退鱼、画荻教子、岳母刺字，等等。

张氏就是这样一位伟大的母亲，面对艰苦的生活环境，她没有放弃，而是把全部的心血都花在了培养李攀龙身上。

母亲的教诲，母亲的无私，母亲的品行，对李攀龙的成长产生了潜移默化的影响。

李攀龙的父亲是诸生，也就是考取过秀才入学的生员，所以，李攀龙9岁前的教育是由父亲李宝亲自教授的。

父亲李宝去世后，母亲就将他送到了当地一位很有名望的私塾先生家里，先生姓张名潭。

塾师教的学生参差不齐，长幼不一。其中有一个叫袭勖的学生，当时已20多岁，是个家境贫寒的人；后来成为著名诗人的许邦才，当时已15岁；还有后来成为文渊阁大学士的殷士儋，当时却只有8岁。让先生张潭骄傲的是，这几个学生后来都成了济南的名流。袭勋60岁那年，以岁贡生任汇都训导，他教的许多学生，后来都在朝廷里做了大官。

李攀龙与殷士儋都是进士，一个后来成为主盟文坛二十余年的"后七子"领袖人物，一个后来官至内阁大学士。

许邦才是举人，后来成为济南德王府右长史，也是济南著名诗人。

他们四人成了莫逆之交，成为一生的朋友。

殷士儋

先生张潭似乎对李攀龙与殷士儋格外喜欢，虽知道他二人家境都很艰苦，有时交不上学费，却丝毫没有嫌弃，依然悉心施教。

后来，李攀龙与殷士儋得知先生去世的消息，分别写下了纪念张潭先生的文章，"每有论述，极称张先生，无敢忘也"。

在李攀龙读私塾的那段日子里，好友许邦才的母亲张氏对李攀龙也是格外关怀。

张氏对儿子许邦才期望很高，怕儿子贪玩，她很不喜欢许邦才与同学和小伙伴来往。奇怪的是，她却对李攀龙格外喜欢。每次李攀龙来家中与许邦才一道学习，张氏都会默默地站在一旁，用疼爱的目光注视着两个孩子。

后来，张氏对儿子许邦才说，李攀龙非同寻常，绝对值得交往。

在得知李攀龙家境困苦、生活艰辛后，在自己家里也不宽裕的情况下，她毅然拿出一部分收入接济李攀龙。

对此，李攀龙一直铭记不忘，成名后，曾专为此事感谢过许邦才的母亲张氏。

据记载，李攀龙的同乡好友殷士儋，少时师从塾师郭宁。而郭宁恰巧与已是秀才的李攀龙很熟，经常往来。一天，李攀龙来到塾舍，第一次见到比自己小8岁的殷士儋。李攀龙见殷士儋仪表端正、丰姿英俊，就对郭宁说："此少年日后必成大器。"

果不其然。

后来，李攀龙与殷士儋同年中举。

嘉靖二十三年（1544），李攀龙中进士。三年后，殷士儋中进士，后来官至尚书。

李攀龙在其《祭殷太孺人文》中，曾谈到他与殷士儋的关系，"处则同门，出则偕计""交相定省，如兄如弟。手足一身，埙篪六艺"，对彼此的友情和志趣做了生动的概括。

据史料记载，李攀龙父子的墓志铭，都是殷士儋题写的。

私塾是中国古代社会一种开设于家庭、宗族或乡村内部的民间教育机构。它是旧时私人所办的学校，以儒家思想为中心，主要学习四书五经，围绕科举制度进行教育。李攀龙读私塾时，不满足于塾师安排的课内学业，课外喜欢读《左传》《史记》这些不在科举考试范围内的书。

读私塾期间，李攀龙博览群书，视野和见识也渐渐开阔起来，对当时一般塾师重经义注疏、训诂，常常表现出不屑，因而也常常被人视为无知妄为之人。

每当听到别人说自己是"狂生"时，李攀龙就自傲地说："我要是不狂，谁还可以当狂者？"

李攀龙之所以敢这么自信，源于他不读死书、有独立的见解。他认为学习就要博览群书，而且，读书也不仅仅是为了科考而去死背硬记。

古代私塾

　　嘉靖九年（1530），李攀龙娶徐氏为妻。

　　嘉靖十年（1531），李攀龙补廪生。

　　廪生是由国家给以膳食，免除家庭丁役。这年，李攀龙18岁，从此，他和母亲张氏的生活才开始有了好转。

　　嘉靖十六年（1537），李攀龙得山东提学佥事王慎中赏拔，以"狂生"之名闻于诸生间。

　　嘉靖十九年（1540），李攀龙参加乡试，中举，得乡试第二。

　　嘉靖二十三年（1544），李攀龙参加甲辰科会试，并顺利通过。这次会试主考官是礼部尚书兼翰林院学士张潮和左春坊左庶子兼翰林院修撰江汝璧。在随后的殿试中，李攀龙被取为三甲同进士出身。

　　此次甲辰科出了不少后来与李攀龙交往密切的诗人，如王宗沐、皇甫濂、徐学诗、袁福征、刘凤等。

　　中进士后，李攀龙奉旨到吏部文选司观政。但科考使本来就身体羸弱的他更加疲惫，次年，他因病告假，回到了济南。

没有了科举考试的压力，李攀龙开始潜心研究四书五经之外的典籍，从而奠定了他日后走向文学复古道路的基础。

嘉靖二十五年（1546），山东农民起义军首领田斌与其妻连氏和僧人惠金等，以白莲教组织农民起义。起义军转战曹（今山东菏泽）、濮（今河南范县西南）、单（今山东单县）、滕（今山东滕州）诸州县，南及归德（今河南商丘）、徐州、凤阳一带，后为治河都御史鲁瀚镇压，田斌及连氏等均被俘遇害。

这年，33岁的李攀龙回到京师，开始了他人生的崭新历程。

他的锦绣文章，自此有了广阔的展示平台，直到铺成山河、流成大东风雅。

JINAN 济南故事

第三章

结社唱和调相同

　　文人结社是中国古代社会一种非常突出的文化现象，自唐中期后，一直是文人士子的重要活动方式。

　　陈寅恪曾说过："治我国文化史者，当以社为核心。"明代是中国古代文人结社的鼎盛时期，这是因为，明代前期的几个皇帝都比较喜欢文学。皇帝的喜爱，对明代的文学繁荣、兴盛及文人结社的发展都起到了重要的导向作用。

李攀龙回京师后即任顺天府乡试同考试官，协助选拔人才。

次年，李攀龙任刑部广东司主事，官职正六品。

此时的李攀龙入仕时间还很短，没什么资历，却能外放考官，可见朝中有人赏识他的学问。

李攀龙抱着一腔济世热情，本想在京城大显身手，成就一番作为，但他并不知道当时官场贿赂盛行、腐败日渐严重、处处钩心斗角，更不知道崇尚道教的嘉靖皇帝朱厚熜是一个很奇葩的皇帝，对灵异现象充满热情，长期沉湎斋醮（道教法事）而无心顾及朝政。更有甚者，这位奇葩皇帝除了自己信奉道教鬼神外，还携全体臣僚一起尊道，对于上奏劝谏者，轻则削职为民、枷禁狱中，重则当场打死；而对于尊崇道教者，则加官晋爵、赏赐钱财。因此，嘉靖年间有大批的道士做了官，甚至有善于讨好嘉靖的道士官至礼部尚书，有的还身兼数职。

严嵩是明代大贪官，被《明史》列为明代六大奸臣之一，称其"惟一意媚上，窃权罔利"。

严嵩深谙奉承谄媚之道、曲意逢迎之术，擅长写青词。青词是用红色颜料写在青藤纸上的一种文字华丽的文章，是道士在做道场时献给上天的奏章祝文，以此歌颂玉皇大帝。

严嵩因擅写青词受宠，成了喜欢长生不老之术的嘉靖皇帝跟前的红人，很快被擢升到宰相的高位。他善于察言观色、见风使舵，每日谨慎小心地伺候着皇帝朱厚熜。平日，严嵩对任何人都眉开眼笑，显得和蔼可亲，但

严嵩、严世蕃父子

在排除自己的政敌时，一旦他露出毒牙，就格外狰狞。

严嵩有一个非常善于察颜观色的儿子严世蕃，其父子结合的势力极大，六部均受他们父子控制。大臣和将帅常常因不贿赂他们父子二人，就被罗织罪名。比如，巴结他们父子却无将才的赵文华，被提升到掌管军事的要职；而有军功的张经，因不贿赂他们父子而遭杀身之祸。

可见当时的朝堂，是几乎没有高节清风和刚正不阿的，更多的则是阿谀奉承、趋炎附势和阴凝坚冰。

李攀龙在刑部任职第一年，光刑部尚书就走马灯似的换了三任，此后几年，又连换了几位尚书。

李攀龙在刑部三年虽然没有得到重用，但也没有受到排挤。平日里，他只是兢兢业业地为刑部起草重要文件、公平审案执法，从不对上司唯唯诺诺、奴颜婢膝、仰人鼻息，更不会借此攀附权势。私下里，他与上司的交往不多，却结交了不少诗友。

据史料记载，他写给刑部上司的诗仅有四首，其中有一首是《送大司寇之金陵》：

> 闻道铜标护百蛮，当朝共拟伏波还。
> 来持滇海中丞节，入领西曹法从班。
> 曳履春云高北斗，迴车秋色照钟山。
> 顾期门客江城满，草奏时时达汉关。

此诗是写给被严嵩排挤、贬谪出京的刑部尚书顾应祥的。

李攀龙在顾应祥任刑部尚书时，从不逢迎，也不媚上，但在顾应祥遭受挫折后，却为他而愤愤不平，写诗送别，着实令人钦佩。

《送大司寇应公归台州》，是李攀龙赠送给刑部尚书应大猷的：

摇落黄金骏马台，都门供帐亦贤哉。

炎荒想见乘轺出，北斗旋听曳履回。

秋色白云生海峤，主恩华发卧天台。

西曹官属衔知遇，东阁清时好再开。

应大猷，明正德九年（1514）进士，任南京刑部主事。嘉靖六年（1527），应大猷出任广东参政，后擢云南右布政。嘉靖二十三年（1544），应大猷任广东左布政，后又两度巡抚云南、广东。每次他卸任离职，总是"官行一担书，民送两行泪"。不久，应大猷任副都御史，巡抚四川、山东，回京复任吏部右侍郎。嘉靖三一一年（1552）十一月，应大猷任刑部尚书。在任期间，他持法平恕，平反诏狱。朋友好言相劝："莫要太认真，否则，会得罪朝廷权臣。"应大猷一脸正气地说道："吾为命官，只知守三尺法耳，不知其他！"严嵩专权，户部郎中孙绘被谗下狱，应大猷曾为其申冤相救。为此，应大猷遭到了严嵩儿子严世蕃的诬陷，被勒令"闲住"回籍。

因敬佩应大猷性情耿介、品行端正，同时也是为了感谢其知遇之恩，李攀龙写下此诗，以表送别。

嘉靖二十七年（1548），严嵩年老体衰，整日精神萎靡，伺候嘉靖皇帝时，经常感到力不从心，更没有精力处理政务大事。皇上恩准他儿子严世蕃陪伴其左右，以便有个照应。因为整天昏昏欲睡，遇到有政事需要裁决，严嵩就转手给儿子严世蕃代其批复，然后再由皇帝裁决。

慢慢地，严世蕃通过收买皇帝身边的太监，了解到皇帝每日的动态、生活习惯、好恶喜怒，借此琢磨嘉靖皇帝的心理。由此，他代父亲严嵩对政事的批复，大都能正中皇帝下怀，因此很得嘉靖皇帝的欢心。

后来，严嵩就将所有政务都交给了儿子严世蕃。

严嵩父子一时权倾天下，结党营私，党同伐异，六部的官吏尽在其股掌之间。

"前七子"领袖李梦阳

齐鲁大地上诞生的文人，尤其是诗人，一般都是既儒雅博学又好强自负，既清心寡欲又珍爱名声。在李攀龙的身上，还具有敢爱敢恨、敢怒敢骂、倔强亢直的秉性，他崇尚节操，也崇尚侠义，追求宏大雅正的风格，从不与时俗同流合污。

李攀龙很欣赏"前七子"领袖李梦阳、何景明的那些令人耳目一新的文学主张和雄健诗文，更喜欢他们藐视权贵利禄，一派光明磊落、大气磅礴的人格魅力。

一天，严世蕃让李攀龙根据他的意思，给一个边防部队的统帅罗列罪名，欲置其于死地。李攀龙知道，这是因为这个统帅没有巴结严嵩父子，结果惹怒了骄横跋扈的他们。李攀龙不仅没听从严世蕃的命令，还毅然回绝了他。李攀龙这种不合作的态度，把习惯一手遮天的严嵩父子惹恼了。

李攀龙很清楚这样做的后果，感觉在京城做官如履薄冰。他对京城吏事感到失望，情绪也很低落，于是有了外任的想法。他觉得，与其在京城受权贵的控制，还不如到地方做个小官给老百姓做些实事。

有《除夕》诗为证：

> 几年仙省白云间，此夕归心醉里闲。
> 九塞烽烟连北极，千门雪色照西山。
> 还知傲吏能违俗，未拟浮名好驻颜。
> 长孺淮阳今不薄，春花或恐滞燕关。

这年，李攀龙将母亲和妻子都送回了济南。

李攀龙一身傲骨，从不为求取升迁而攀交权贵。

他独守心扉，万物不争。

他情思高远，别无他求。

每提到与弄权者的不合作态度，李攀龙总是以"傲吏"自称，如"傲吏岁时频卧阁，故人风雨一登楼""孤城自老风尘色，傲吏终惭岳牧才""中原相望两漫漫，傲吏重弹柱后冠"。甚至为意气相投的友人题诗时，李攀龙也以此作为褒语："傲吏高斋海岱开，长留明月照池台。"

李攀龙以此明志，颇有"魏晋风骨"。

李攀龙有首《送王侍御》七言律诗，足可证明他"傲"的胆识：

> 看君绣斧秣陵回，乌府遥应接凤台。
> 寒雨钟山千水下，白云秋色大江来。
> 时危揽辔中原出，日近封章北极开。
> 当道狐狸何足问，边城今有郅都才。

王侍御就是王忬，苏州府太仓人，即后来与李攀龙同为"后七子"领袖的王世贞的父亲，曾任山东巡抚、大同巡抚，巡视浙江福建等地，重用戚继光、俞大猷、汤克宽等，平倭有功。进右都御史，后遭严嵩父子妒忌陷害，下诏狱，次年被斩于西市。

此诗写于王忬任蓟辽总督为朝廷守护疆土时期。

诗中"当道狐狸何足问"暗指严嵩。

嘉靖年间，歪风邪气盛行，皇帝胡乱发威，大臣们胁肩谄笑，士大夫阶层的正直之士性命难保，名和利都掌握在权臣手中，官员的升降沉浮全由皇帝的喜怒来定。在这样艰难的政治环境中，李攀龙知道自己是不合时宜的人，难以摆脱这种腐朽的政治圈子，以及官场因循的作风、复杂的人事关系。他只能坚持诗歌创作，以此来抒发个人的心志，显示出追求精神独立的坚定信念和无畏气概。他坚持卓尔不群的品格，如云天之间穿行的白鹤，将情怀寄托于山光水色。但他也不愿做一只缥缈孤鸿，有时，他也结交一些情投意合的上司，但更多的是与志同道合者以诗文相友善。

他在其《白雪楼》一诗中曾这样写道：

> 诸郎难得意，非是敢沉冥。
>
> 拙宦无同病，清时有独醒。
>
> 千家寒雨白，双阙晓烟青。
>
> 又值高楼雁，寥寥不可听。

高空远去的大雁，引起诗人无限感慨，这首诗流露出李攀龙不得志而郁郁寡欢的情绪。

时值奸臣当道，政治腐败。此时的李攀龙仕途不顺，又不愿受权贵的控制，更不肯攀附以求升迁，于是，趁公务清闲，李攀龙与同年进士且又是同事的王宗沐、袁福征创作了大量诗歌，并在同僚诗社和同乡诗会的唱和酬答中，渐渐有了不小的知名度，而且，在不知不觉中形成了一个诗歌群体。

明代是一个充满个性的时代，明代士大夫的精神既表现出这个时代的特征又推动这个时代前行。

文人结社是中国古代社会一种非常突出的文化现象，自唐中期后，一直是文人士子的重要活动方式。陈寅恪曾说过："治我国文化史者，当以社为核心。"明代是中国古代文人结社的鼎盛时期，这是因为，明代前期的几个皇帝都比较喜欢文学。皇帝的喜爱，对明代的文学繁荣、兴盛及文人结社的发展都起到了重要的导向作用。据学者研究，当时结社的至少在600家以上，其范围涉及政治党争、科举制度、讲学思潮、文学流派、宗教风气以及节日习俗等。

明代诗人结社赋诗的风气，主要源自刑部，这是有其特殊原因的：一是刑部十三司官员的人数在六部中是最多的，容易形成群体；二是刑部官员因公务需要常常聚集在一起讨论，其间，可以不拘形式地自由交谈；三是刑部官员都是搞文字的，这就为官员展示文学才华提供了平台，也就顺理成章地形成了崇尚文学的风气。

据史料记载，李攀龙所在的刑部办公场所是白云楼，从明代诗人的诗集里，能读到许多与白云楼有关的诗歌。

可以说，刑部的这种浓厚的文学氛围，为李攀龙与同僚的唱酬创造了良好的环境，也为他提供了展示文学才华的极好机会。

与此同时，京城山东籍的同乡，也常常在京设宴聚会，赋诗唱和。

其中就有嘉靖二十六年（1547）中进士、待职京师的李先芳、殷士儋和临清布衣谢榛等人。

后来，通过李先芳，李攀龙结识了志同道合的终生好友、后七子另一位领袖人物——王世贞。

李先芳（1510—1594），字伯承，号北山，祖籍湖北监利，其祖迁居濮州李庄，即如今的山东省鄄城县李进士堂镇。该镇现有"明朝进士李先芳"雕像。

李先芳16岁能诗，20岁中进士，是位英俊的才子，学术界有李先芳为《金瓶梅》作者之说。

李先芳曾先后任户部主事、刑部曹郎、尚宝司丞、陛少卿、亳州同知、宁国府同知。

李先芳急公好义，喜欢结交天下有才之士。入京后，他与李攀龙性情相投，就提议成立诗社。诗社成立后，因社中大多为山东人，所以起名为"鲁籍诗社"。

嘉靖二十七年（1548），李先芳授官为新喻（今江西新余）知县，离开北京，鲁籍诗社解体。临行前，李先芳介绍李攀龙加入刑部诗社。

隆庆三年（1569），李先芳与李攀龙再次相聚，李攀龙在《真定道中遇伯承户曹》写道："黄金结客樽前尽，白发先春雪里生。握手不须悲物役，梅

学术界有李先芳为《金瓶梅》作者之说

花摇落故园情。"想当年意气风发，而今却已白发如雪、无复少年意，今日握手相逢，不必为名利的得失而悲伤，还是像飘落的梅花眷恋故土一样，我们彼此都珍惜同乡之谊吧。

嘉靖末年，李先芳被贬，返回原籍。李攀龙听说后，赋诗、写信安慰。《重寄伯承》一诗写道：

> 桃花不似玉颜红，顾影扬蛾入汉宫。
>
> 才说长门人便老，黄金无赋买春风。

李攀龙在诗中暗用司马相如《长门赋》一典，说陈皇后能以黄金买到相如之赋，却买不到春风、青春，劝慰李先芳虽然没有得到赏识，却可以换得自由。随后，李攀龙还邀请李先芳一起同登泰山。

嘉靖元年（1522），殷士儋出生于济南。其曾祖父殷衡曾在明德王府教书。殷士儋聪明过人，14岁中秀才，19岁中乡试第五名举人。

嘉靖二十六年（1547），殷士儋考中进士，选为庶吉士，授任翰林院检讨。嘉靖四十一年（1562），嘉靖帝为裕王朱载垕（也就是后来的明穆宗隆庆皇帝）选老师，殷士儋被选中，充任讲官。

朱载垕称帝当年，殷士儋升为侍读学士，掌管翰林院事务，继而又升为礼部右侍郎，不久又任吏部右侍郎，第二年接着升任礼部尚书。隆庆三年（1569），殷士儋兼任文渊阁大学士，不久又晋升少保，升为武英殿大学士。

隆庆五年（1571），遭到首辅高拱的排挤打压后，加上厌倦了官场的尔虞我诈，殷士儋就辞官回到了家乡济南，选定元代万竹园故址（今趵突泉公园西）为栖身之处，取名"通乐园"，园内有望水泉、东高泉、白云泉等名泉。殷士儋在园内垒山叠石、疏泉筑亭、构舍植花，随后开始在此著书讲学，从者如云。

康熙年间，曾任成山卫教授的诗坛怪杰王苹购得此园，易名为"二十四泉草堂"。清代短篇小说之王——蒲松龄以殷士儋小时候在万竹园的故事为原型，创作了《聊斋志异》中的短篇小说《狐嫁女》。

殷士儋当年隐居处——万竹园

殷士儋在此居家11年，于万历九年（1581）去世，葬于历城党家庄东凤凰山南麓。朝廷追赠太保，谥号"文通"，后改谥号为"文庄"。

因殷士儋官至内阁大学士，人称"殷阁老"。

谢榛（1495—1575），明代布衣诗人，字茂秦，号四溟山人、脱屣山人，山东临清人。其15岁师从乡丈苏东皋学诗，16岁作乐府曲辞，其作品在临清、德平一带流传甚广，谢榛著有《四溟诗话》等。

嘉靖二十七年（1548）中秋佳节，谢榛第一次赴京，其间与李攀龙、王世贞等诗人相识。当时，谢榛已是闻名遐迩的老诗人，而李攀龙和王世贞则是初出茅庐。他们聚集在一起饮酒赋诗，探索诗歌创作的未来。

这次聚会在中国古典文学史上意义非凡，因为他们发现彼此的政治抱负和文学理论都十分相似。从此，他们越走越近，到最后成为一个诗歌团体，也就是文坛所称的"后七子"。

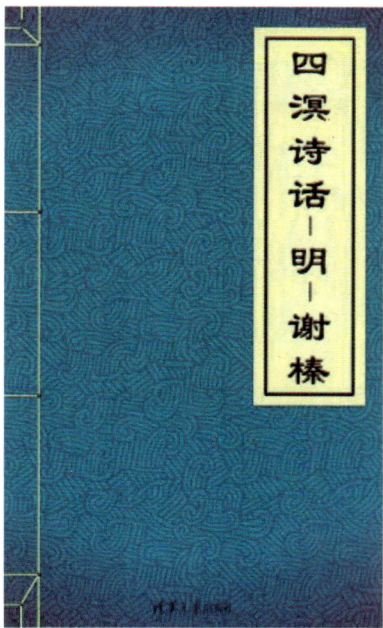

四年后，当谢榛再次来到京城后，李攀龙、王世贞与徐中行、梁有誉、宗臣、吴国伦等人邀请谢榛，结为诗社，一共七人，人称"七才子"。

"七才子"经常聚在一起，饮酒作诗，一起出游，他们互相影响，留下很多名篇佳作。李攀龙有一首《秋前一日同元美、茂秦、吴峻伯、徐汝思集城南楼》，写的就是其中一次聚会的感受：

> 万里银河接御沟，千门夜色映南楼。
> 城头客醉燕山月，笛里寒生蓟北秋。
> 胡地帛书鸿雁动，汉宫纨扇婕妤愁。
> 西风明日吹双鬓，且逐飞蓬赋远游。

谢榛著作《四溟诗话》

诗社在京城的名气越来越大，七人诗才出众，又正当盛年，文人的毛病渐渐显露出来，他们才高气锐，互相标榜，视当世无人。

李攀龙曾在王世贞所设的一次酒宴上，对谢榛推崇备至，并写过一首褒扬谢榛的诗《初春元美席上赠谢茂秦得关字》：

> 凤城杨柳又堪攀，谢脁西园未拟还。
> 客久高吟匕白发，春来归梦满青山。
> 明时抱病风尘下，短褐论交天地间。
> 闻道鹿门妻子在，只今词赋且燕关。

京城的杨柳已绿意盎然，又到了折柳赠别的季节，像谢脁般诗才横溢的谢榛正在园林中与友人欢聚，似乎还没有归去的想法。看着燕子从南方归来，常年客居他乡的布衣诗人，难免触景生情，魂牵梦萦，思念故乡的山山水水。在这样的时代，谢榛不求显赫的名望，拖着病弱的躯体，自甘岑寂，以布衣的身份，广交天下朋友。谢榛将小家安顿在鹿门山那样林深洞幽的地方，而今在京城吟诗作赋，只不过是他漫漫旅途中的短暂小憩而已，最终，他还是要回归，离我们而去的。

诗中将谢榛比作南齐时期的著名诗人谢脁，当是很高的赞许；但也可以从中体味到文人墨客自我欣赏、柜互捧场、缺少宽宏气度的陋习。

另外，从此诗中，我们也可以感受到当时诗坛的山头门户风气。

结社之初，谢榛为"后七子"领袖；之后，王世贞推尊李攀龙而排斥谢榛。随着李攀龙的诗名渐盛，他便当之无愧成了"后七子"的领袖。

谢榛在"后七子"中，是唯一提出较完备的诗论主张的人。他提出的理论纲领更为系统，取径较广，持论亦不拘泥，曾有"夺神气"而不模仿形迹、"学酿蜜"而不蹈袭古人等主张。他主张复古，认为诗至盛唐便发展到了顶点；主张"选李杜十四家之最者，熟读之以夺神气，歌咏之以求声调，玩味之

"后七子"以诗会友

以哀精华"。

　　谢榛作为诗人，浪迹四方。30岁左右时，他西游彰德，向赵王朱厚煜献诗。赵王对这位穿着破旧的诗人还算赏识，让谢榛成了自己的门客。彰德，旧为邺地，是汉末建安时期文人荟萃之地；而赵王也非等闲之辈，同样富有文才，喜揽文士。这应该是谢榛居邺的原因。

　　谢榛一生持侠义之风，浪迹四方，以写诗为生，未曾入仕，享年81岁，葬于河南安阳城南。

　　宗臣（1525—1560），明代文学家，字子相，号方城山人，兴化（今属江苏）人，嘉靖二十九年（1550）进士，初授刑部主事，后改吏部员外郎。宗臣性耿介，不附权贵，嘉靖三十六年（1557），因作文祭奠弹劾严嵩"五奸十大罪"而被下狱致死的杨继盛，得罪严嵩，被贬为福州布政使司左参议。在任期间，宗臣曾率众击退倭寇，迁提学副使。

宗臣的创作，散文较出色。如《报刘一丈书》，有力地抨击了封建官场的腐败。其文重点描摹了奔走权门的无耻之徒的种种丑态，将他们夤缘钻营、甘言媚词、逢迎拍马的细节刻画得惟妙惟肖、入木三分。《西门记》《西征记》则描写抗倭斗争，生动真切，指陈时弊也颇淋漓，都是较好的作品。他的诗歌，开始学习李白，颇以歌行跌宕自喜，表面上也追求超忽飞动，但缺乏李白诗那特有的豪迈气势和充沛感情。

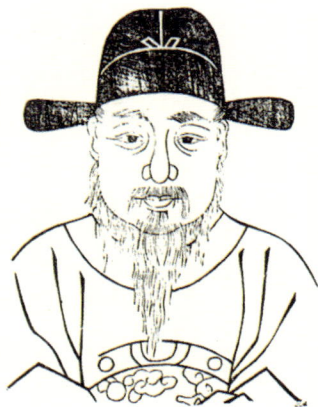

宗臣

宗臣与李攀龙、王世贞等齐名，合称明"后七子"。他的文章较少模拟习气，在"后七子"中成就较为突出，著有《宗子相集》。

梁有誉（1519—1554），字公实，号兰汀居士，明代文学家，广东顺德人。他师从黄佐，与同窗好友黎民表、欧大任、吴旦、李时行相与唱和，结南园诗社，世称"南园后五子"。

嘉靖二十九年（1550），梁有誉中进士，授刑部主事。他在京与李攀龙、王世贞、谢榛、宗臣、徐中行、吴国伦共结诗社，风靡一时，人称"后七子"。

至嘉靖三十一年（1552），梁有誉因思念亲人，便称病归里，闭门读书。在嘉靖三十三年（1554）十月，他与黎民表相约游罗浮山，受海上大风吹袭得疾，于十一月去世，年仅36岁。

徐中行（1517—1578），明代文学家，字子舆（一作子与），号龙湾，湖州长兴（今属浙江）人。其相貌俊美，喜爱喝酒。嘉靖二十九年（1550）进士，授刑部广东司主事，历官汀州知府、云南参议、福建按察使、江西左布政使等职。广东贼寇萧五来犯，御之，有功。兵部武选司杨继盛上疏弹劾奸相严嵩，被捕入狱，徐中行不惧牵连，公然探狱，赠送食物。杨继盛被害后，徐中行又为其料理丧事，引起严嵩忌恨，被贬为长芦盐运判官，迁阳州同知。后徐阶当政，迁湖广金事，积贮粮，救活饥民万余。

嘉靖四十五年（1566），徐中行因母丧回长兴，与在浙江长兴任县丞的吴承恩相识。后来，两人成了莫逆之交。徐中行听说吴承恩在创作一部奇书，叫《西游记》，十分赞赏。于是，徐中行多次向吴承恩讲述自己任河南汝宁知府期间所游览的嵖岈山景色，特别向吴承恩讲述了数次登临嵖岈山的感受，并吟诵了自己的诗作《嵖岈仙踪》："嵖岈山上觅仙踪，石猴屹立半空中。圣僧讲经训愚顽，正果得道始大成。"吴承恩听了徐中行的讲述，尤其是听到唐僧曾多次到嵖岈山讲经并教化石猴成为徒弟的故事，有些心驰神往。

后来，吴承恩因私自开仓放粮赈济灾民被弹劾下狱。徐中行知道后，设法救出吴承恩并劝他到嵖岈山避祸。于是，吴承恩由扬州抵南京，乘船溯江而上到达武汉，再由京汉故道骑驴至汝宁府地，终于在嘉靖四十三年（1564）秋天登上了嵖岈山，开启了他酝酿创作《西游记》的艺术之门。

徐中行著有《天目山堂集》二十卷、《青萝馆诗》六卷传世。徐中行过世后葬在雉城东河泊所，王世贞为他撰写墓志铭。

吴国伦

吴国伦，字明卿，武昌兴国（今属湖北）人，生于嘉靖三年正月二十二日（1524年2月25日），嘉靖二十八年（1549）中解元，嘉靖二十九年（1550）中进士，初授中书舍人，后擢兵科给事中。

嘉靖三十四年（1555），吴国伦得知被严嵩排挤出京的"后七子"之一梁有誉病逝，与王世贞、宗臣等"相与为位，哭泣燕邸中"，因此得罪严嵩。同年十月，兵部员外郎杨继盛奏劾严嵩"五奸十大罪"，而偏信严嵩的世宗皇帝被激怒，将杨打入诏狱，后处斩。杨被斩次日，吴国伦与王世贞等为杨"酹酒泣奠"，并积极为杨募捐，办理丧事，安顿家小，因此更加惹怒了权势熏天的严嵩父子。结果，他很快被严嵩找借口贬为江西按察司知事，后又调南康推官。

吴国伦赴江西途经顺德（今河北邢台）时，在顺德当知府的李攀龙设宴为他送行。除了表达极大的同情，李攀龙还希望吴国伦振奋精神，于是，他写了一首《于郡城送明卿之江西》：

> 青枫飒飒雨凄凄，秋色遥看入楚迷。
>
> 谁向孤舟怜逐客，白云相送大江西。

江边的青枫，被寒风吹打得飒飒作响；寒风中的细雨，绵绵而凄冷。遥看水天相接处的楚天，雨中秋色，一片迷蒙。此时，有谁会到这孤舟上，怜惜被放逐的你呢？只有白云一路相伴，送你到大江以西。

这首诗写得低沉含蓄，一往情深。首句连用两个叠声词，声调短促，缓拍慢奏，表达了送行人依依不舍的心情。第二句中的"秋色"，既点出季节又隐含着遭遇的黯淡，而一个"迷"字，既是写景物在细雨中的迷离又写出送行人心中的凄迷。前两句写送别的凄凉和无奈，通过描写寒雨中萧瑟的秋色，体现了作者无尽的怅惘。后两句以天上飘浮的白云，让读者进入一种高爽气朗的境界，寄托自己的情感，笔意洒脱，抒情味极浓。第四句，一个"大"字，不仅在声音上有着洪亮的声调，而且给了读者一个开阔的视野，气势豪迈，也隐含着对严嵩等势力精神上的藐视。

嘉靖四十一年（1562），严嵩事败，吴国伦被朝廷起用。吴国伦历任建宁同知、邵武知府、高州知府、贵州提学佥事、河南左参政，后罢归；归里之后，诗名很高。当时求名之士，或东走太仓（王世贞），或西走兴国（吴国伦）。

万历二十一年六月二十三日（1593年7月21日），吴国伦病逝家中，享年

70岁，葬于州城东北十里之外的陈埠老鹳嘴。

吴国伦轻财好客，交游广泛，当时许多文化名人都以与他交往为荣。他一生任职过很多地方，先后在北京、江西、福建、广东、贵州、河南等地任职，足迹踏遍半个中国。所到之处，他总是踏访当地名胜古迹，且喜欢"彩毫随处纪名山"。广东宋皇城遗址、肇庆七星岩、江西滕王阁、庐山等地都留有他的诗作和题刻，如今这些名篇佳作已成为当地宝贵的文化财富。

王世贞

王世贞（1526—1590），生于嘉靖五年十一月初五，卒于万历十八年十一月二十七日，字元美，号凤洲，又号弇（yǎn）州山人，南直隶苏州府太仓州（今江苏省太仓市）人，明代文学家、史学家。

王世贞为嘉靖二十六年（1547）进士，先后任职大理寺左寺、刑部员外郎和郎中、山东按察副使青州兵备使、浙江左参政、山西按察使，万历时期历任湖广按察使、广西右布政使、郧阳巡抚，后因与首辅张居正结怨被罢归故里。张居正死后，王世贞起复为应天府尹、南京兵部侍郎，累官至南京刑部尚书，卒赠太子少保。

他著有《弇州山人四部稿》《弇山堂别集》《嘉靖以来首辅传》《艺苑卮言》《觚不觚录》等。

王世贞是李攀龙志同道合的一生挚友，他们彼此间的唱和诗及书信往来颇多。

李攀龙去世后，王世贞独操海内文柄近20年，是倡导文学复古运动中最重要的人物。他所写的《李于鳞先生传》与殷士儋所写李攀龙之父墓志铭、李攀龙墓志铭，都是研究李攀龙的重要资料。

通过参与聚集唱和，与诗社的友人论诗谈文，李攀龙逐渐找到了情投意合的诗友。

嘉靖三十一年（1552）初春，诗社的七子频繁聚集，有许多唱和的诗作问世。

不久，谢榛因儿女婚事先离开京城，诸子送别，李攀龙特意写了一首诗《送谢茂秦》："孝宗以来多大雅，布衣往往称作者。谢家玉树操郢音，其音弥高和弥寡。寓梁曾曳王门裾，游燕欲荐中涓马。岂无冠盖映当时，满眼悠悠世上儿。文章千载一知己，交结何须钟子期。此物有神兼有分，富贵浮云不与之。卢楠坐衔越石恩，醉后感激肝胆言。苍鹰睊眦鹦鹉赋，身挂罗网何由翻。殷忧楚奏秦庭哭，遂雪黎阳国士冤。归去东将钓沧海，安能贫贱常丘樊。早借江鸿报消息，或卧春云主故园。'李攀龙以"文章知己"称述两人关系，并高度赞扬了谢榛营救卢楠的壮举。

卢楠是河南浚县人，明代嘉靖年间的著名诗人和辞赋家。谢榛在安阳居住时，与卢楠结识，并成为好朋友。后来，卢楠得罪了知县，被投入狱中，将被处以死刑。

看到朋友身陷囹圄，谢榛心如刀绞。他带着卢楠的著作到北京求见达官贵人。为了打动达官贵人，谢榛先是朗诵卢楠的诗赋，然后哭诉道："卢楠真是遇到了天大的冤枉啊！他活着的时候，你们不帮着他平冤昭雪；他死了之后，再写什么像哀悼贾谊那样的辞赋也没有用处了。"

在刑部任职的王世贞被谢榛的真情所感染，帮助谢榛一同为卢楠奔走、辩白。最后，卢楠得以无罪获释。

谢榛离开京城后不久，梁有誉因病递交辞呈。

六月，梁有誉获准回籍。诸子在天宁寺送别梁有誉，各赋诗二首。李攀龙作《夏日同元美、子与、子相天宁寺送别公实》，其二曰："西域黄金地，南讹大火天。赠言回白雪，寒色动青莲。幻迹抽簪外，浮名把袂前。古今皆涕泪，去住各风烟。"吴赋一首长诗《送公实还南海》，诗中回顾了七子京师宴集情景："忆昨击筑饮燕市，酒酣以往气益振。黄金之台空嶙峋，华阳之馆谁为薪。……梁生徐生情最亲，宗生王生诗更新。经过但坐歌白云，罢曲彷徨若有神。"随后，笔锋一转，鼓励梁有誉："梁生此事成万古，欲别牵裳遂具陈。罗浮之山何崔嵬，下临莽苍波涛开。维舟跋浪长鲸出，倚杖垂天大鸟来。北望中原寥廓哉。飞崖坐揽百粤色，群峰黝渺行风雷。梁生之庐构烟雾，千寻薜荔青摧颓。有时高咏反招隐，岩窦无人秋雨哀。尉佗椎结本赵侠，陆贾纵横一汉才。丈夫有道在龙蠖，还能与世相徘徊。梁生何为终蒿莱，梁生慎勿终蒿莱。"

冬季来临，宗臣患病咯血，上疏请归。十月疏准，宗臣离开京城。

李攀龙眼见着志同道合的朋友相继离去，心情沉重起来。

他问宗臣："元美翩翩多奇气，南越梁生亦雄视；二子招携从此逝，尔今卧病缘何事？"

李攀龙送别宗臣与送别梁有誉时的心情迥异。

他在《送子相归广陵》绝句七首中的第四首写道："蓟北青山照别卮，请君听我秋风辞。扬州十月梅花发，江上春光好赠谁？"由此推彼，李攀龙把对友人的无限留恋款款道出。送梁有誉时尚有无限豪迈，激励梁有誉不要终生卧病"蒿莱"，而此时宗臣的离去，却使他悲从中来：为什么一年之内，朋友这么快地离散了，难道是诗歌酿的祸？其实他不知，这与严嵩有关系。严嵩不仅喜欢玩弄权术，还喜欢做文坛的领袖，他想将天下的风雅之士都收归他的旗下。可"后七子"根本不理睬他，这势必会惹怒严嵩，也必然会遭到严嵩的算计、排挤和报复。

随着朋友的先后离散，加上对所处环境的不适，李攀龙有了离开京城外任的念头。他始终相信：名马不受羁，足下有千里；黄鹄不受罗，羽翼就四海。

第四章

辞官归隐白雪楼

为人孤傲的李攀龙以嵇康、陶潜自比，暂安于这种隐居生活。除了一二知己，他杜门谢客，读书吟咏，不与权贵往来。

大概是李攀龙的名气所致，"鲍山白雪"在明代被列为"济南十六景"之一。

嘉靖三十二年（1553）春天，李攀龙出任北直隶顺德府（今河北省邢台市）知府。

李攀龙离开京城时，送行的只有"七子"中的徐中行。临别时，徐中行赋诗一首：

> 去春从君燕市游，眼中诸子同杯酒。
>
> 今春送君濠梁上，尔我踌躇自携手。

诗句透着无限的凄凉和依依不舍的情怀。

李攀龙回赠一首长诗《留别子与》：

> 从君几醉燕京酒，旧游花月回白首。
>
> 相看零落眼中人，二子河梁重携手。
>
> 忆昨青山坐西署，于今此事成不朽。
>
> 交态萧条尔自谙，浮名惨淡吾何有。
>
> 争道贤豪拥上林，华阳台馆尽黄金。
>
> 长卿词赋徒壁立，曼倩佯狂合陆沉。
>
> 平生得意向知己，常将颜色当同心。
>
> 北望诸陵一抒髀，悲风千里来寒阴。
>
> 春草如云覆四野，我行逶迟五其马。
>
> 十载为郎愿己违，出门况复悠悠者。
>
> 汉臣犹未老冯唐，每饭岂忘钜鹿下。
>
> 岁晚江湖梦独遥，秋深鸿雁书堪把。

此诗充满了秋风萧瑟的寒意，也表露出李攀龙精神上的萧索。随着各位诗友的离散，曾经的欢娱也都成了过眼烟云，令人刻骨感伤。

顺德地处北直隶南部，当时是个面积不大且贫瘠的边陲之地。当年，鞑靼常常沿太行山南下，给地方带来兵乱之祸，又因顺德位于京城近郊，迎来送往

顺德府

的繁杂之事颇多，治理工作很难开展。

此次出任顺德府知府，属于外放，相当于降职被调往偏远的地方就任，因此，李攀龙心情多少有些抑郁。尽管他知道在顺德府这种小地方很难施展自己的政治抱负，但他仍尽心尽力，革除弊政，救济贫弱。到任后，他就开始调查研究，结合当地的实际情况广施善政：首先，减轻百姓的负担，减免中央不合理的征赋，还利于民；其次，削减不合理的徭役；再次，安定地方治安；此外，还严格执行保甲制度，以此消灭盗贼。

三年任期中，李攀龙政绩卓著，做了一些既有利于巩固明王朝统治又给百姓带来一定利益的事，如：轻徭薄赋，减轻百姓负担；政刑宽简，民无冤情；增设驿站，减轻人民劳役负担；关心学校发展和士子们的生存状况等。李攀龙因此得到了顺德老百姓的爱戴和称赞。

主政顺德期间，李攀龙留下了许多酬赠诗、山水诗，是为顺德留下诗篇最多的古代著名诗人之一。《登黄榆、马陵诸山，是太行绝顶处》《登邢台》《春兴》等是其这一时期的代表作。好友王世贞也曾多次来到顺德府，在李攀龙的陪伴下，游览了顺德的山山水水，这使王世贞诗词内容更加丰富多彩。他们一起写下了许多歌咏顺德山水的诗文。如两人同登太行雄关黄榆岭时，各自用诗词表达了对大美太行的赞颂。

黄榆岭（又名黄鱼岭）风光

李攀龙在《登黄榆、马陵诸山，是太行绝顶处》其四中写道：

> 千峰郡阁望嵯峨，此日褰帷按塞过。
>
> 落木悲风鸿雁下，白云秋色太行多。
>
> 山连大陆蟠三晋，水划中原散九河。
>
> 回首蓟门高杀气，羽林诸将在横戈。

王世贞也用七律诗进行唱和，其中《登黄榆最高处》其一这样写道：

> 太行无际碧天愁，榆塞褰帷万古收。
>
> 紫气东盘沧海出，黄河西抱汉关流。
>
> 橐鞬忽动双鸿暝，刁斗频敲万马秋。
>
> 薄伐到今仍列戍，教人无奈说并州。

有一次，两人在府衙前郡楼上宴请友人，席间，唱和诗文。李攀龙有一首写给王世贞的诗《郡城西楼》：

> 使君杯酒郡城楼，倚槛高临落日愁。
>
> 河朔浮云连巨麓，太行春雪照邢州。
>
> 自怜叔夜常多傲，无那相如故倦游。
>
> 画省少年人所羡，风尘岂亦念淹留。

王世贞和诗写道：

> 使君杯酒一登楼，倚槛萧条木叶愁。
>
> 不尽天风吹大陆，何来岳色满邢州。
>
> 匣中星动双龙夜，柝里寒生万马秋。
>
> 为问郡曹诸记室，几人能并李膺游。

这些诗作，记录下了李攀龙与王世贞的真挚友情，也充分表现出了他们对顺德大地山河由衷的热爱。

在河北省永清县北辛溜乡西镇村，曾流传着一个狐仙故事，而且这个故事当年的知名度很高，后被李攀龙整理并收录于他的文集《纪幻寓谭》中。

故事译成白话大概如下：

明代成化初年，有一个姓庞的永清人，名字已经不可考，到汴京城（今河南开封）出差，住在一家旅馆里。一天，开封府有戏曲演出，因为演出精彩，台下挤了万余观众，叫好声、喝彩声不断。这位庞客官就在观众中间，翘首观看着。

傍晚，观看完演出，庞客官回到了旅馆，刚进门，就有三个穿青衣的年轻人来访。其中一个自我介绍道："我们都是您的老乡，有一封平安信，想烦您带回去，帮我们去看看我们的父母！"庞客官慨然应允。三人拉着庞客官来到开封玉津园的一家酒楼，三人殷勤款待，席间相谈甚欢。庞客官就问他们的姓氏家乡。他们说姓胡，又说：'您的家乡有个西镇，我们家就在西镇的后面。在一个高土坡上，有一个小村子叫小姑村，那就是我们家了。"

后来，庞客官择日北还，三个年轻人一直把他送到河边，看他上了船，还不断地叮咛他，不要忘记给他们的父母报平安。

庞客官回到永清后，就到西镇村后寻找，只见林木蓊郁，怪石嶙峋，却根本看不到小姑村的影子。他又向西镇村和旁边村的人打听，他们也都不知道小姑村在哪里。庞客官去了几次，仍然找不到。

这一天，他又从西镇查访回来，天色已晚，过北面的土坡时，迎面遇到一个人，那人问道："您是要去小姑村吗？"庞客官大喜，连说"正是"，并请那人给他带路。那人把他带到一个地方，只有两三户人家。庞客官就问这人："胡老爷子家是在这里吗？"那人也激动地说："胡老爷子就是我表爷啊！您往这里请！"那人把庞客官让进一家门户。只见这户人家，门户重叠，房屋高大，金碧辉煌，如同王侯之家一般。

一会儿，从内室走出来一位老翁，高冠博带，一身富贵之气，满脸慈祥之色。胡翁恭敬地请庞客官坐在堂上。庞客官就把三位年轻人所托书信呈给了胡翁，胡翁看后笑道："我的三个小儿久居汴京，已经很久没有音信了，能见到您捎来的这封家书，真是抵得上万金啊！"于是，胡翁又请庞客官移驾到别院，摆上丰盛的宴席，很多菜肴都是庞客官没有见过也没吃过的东西。不一会儿，又有十几位漂亮的女子前来献歌献舞，以助酒兴。

庞客官再三告辞，胡翁则一再挽留，最后实在挽留不住，胡翁就从身上解下一颗明珠送给了庞客官，以表谢意。庞客官也不好意思再拒绝，就收下放入了衣袖中，并告别胡翁。

就在出门的时候，庞客官被门槛绊倒。他从地上爬起来再抬头一看，哪里还有什么胡府和小姑村，明月斜照之下，幽静的土丘上只有一眼土窟。

这位庞客官知道这胡家一定是狐仙所化，但他为人善良谨慎，从来没有把这件事告诉别人，生怕有歹人知道了，会毁掉洞窟，破坏狐仙的修行，也污损自己的德行。

后来，这位庞客官寿高九十余岁，无疾而终。

因政绩卓著，嘉靖三十五年（1556）夏，李攀龙被提升为陕西按察司提学副使。

李攀龙到任之后，立即投入工作之中，风尘仆仆、马不停蹄地到管辖区域考察学校，从西安府、延平府到平凉府等地，往返达4 000余里，考察了60多所学校。他充满热情，想要在任内做出一番成就，为国家培养和选拔一批人才。

李攀龙并没有像一般督学那样让学生"一心只读圣贤书，两耳不闻窗外事"，而是注意引导学生们关注国家大事、民族安危。他从当时北方蒙古的掠扰、南方倭寇的侵犯等社会现实出发，让学生们学以致用，以报效国家为己任。

嘉靖三十六年（1557）春天，李攀龙来到平凉府（今甘肃省平凉市）巡查军队战备情况。当他站在古老的平凉城城墙上，极目远眺，没有看到一帘烟雨、杨柳依依，也不见人面桃花、草长莺飞，风沙弥漫的西北边塞戈壁滩上，满眼是白草黄沙、残阳如血的景象。当看到平凉府的大牧马场上，如彤云翻滚的战马在迅猛地奔跑，就仿佛看到了战旗迎风招展的明朝军队，在边关塞外广袤的沙漠中驰骋作战的宏大场景。此时，他很想效法班超，投笔从戎到万里之外建功立业，可是，感到惭愧的是，自己大半生空谈治国济民的经术，坐以论道，如今已经两鬓斑白，心有余而力不足了。

这就是李攀龙当年写下的那首著名的《平凉》七言律诗：

> 春色萧条白日斜，平凉西北见天涯。
> 惟余青草王孙路，不入朱门帝子家。
> 宛马如云开汉苑，秦兵二月走胡沙。
> 欲投万里封侯笔，愧我谈经鬓有华。

此诗借助丰富的想象力，给我们展现出平凉冷落、寂寥的春色，荒芜的边城，就如同蒙上了一抹灰暗、冷峻的色调。诗人抚今追昔，用精练的语言，描绘出秦汉强盛时期，军队在边关塞外沙漠中驰骋作战的图景。在这历史与现实的交迭之中，既包含了诗人对人世沧桑的深沉回顾和感叹，也表现出了诗人关心国家社稷安危的情怀。

陕西巡抚殷学，山东东阿人，初授合肥县知县，以才学而先后选为山西道监察御史、河南布政使参政、浙江按察司、山西右布政使、陕西左布政使等，因政绩卓著而不畏权贵，以敢于上疏弹劾权贵、说别人不敢说的话而名于朝堂。

作为陕西按察司提学副使的李攀龙，虽与殷学互为老乡，但一个是通过殿试的进士，一个是皇帝赏赐的进士；一个是主抓公安、教育的地方行政监察，一个是掌握军政、民政的全省军政长官；一个性情疏放不羁，一个自命不凡、清高孤傲。因为两个人的地位、出身、性情迥然不同，他们虽为老乡，却少有走动。

本来大家都是山东老乡，理应好好相处，彼此在工作上相互照应，但殷学觉得自己职位比别人高，唯我独尊，经常对部下吆五喝六，倨傲无礼，刚愎自用。已是著名诗人的李攀龙，对殷学颐指气使的傲慢样子极为反感，也难以忍受他挟势倨傲的做派，就一直不买殷学的账。

一天，殷学听闻李攀龙有极高的文名，就想让他代写一篇文章。这本来没有什么，问题在于，殷学竟然以居高临下的架势，给李攀龙下了个文书命令其执笔。李攀龙本是性情中人，磊落坦荡，见他下的文书后，顿感受到了侮辱，不由得大怒起来："你命令我写，我就写吗？那是不可能的。"然后，李攀龙写了一篇《乞归公移》报告，送到了殷学的案桌上，要求告病还乡。

真正有风骨的读书人写文章，分为勉强为之和真心流露两种。他们最不愿写的是阿谀奉承和命令式作文。

殷学不知道李攀龙的心里始终藏着中国文人的端然姿态，只是觉得李攀龙有些矫情。他先是假意挽留，一看不行，就以官位要挟李攀龙。

李攀龙说："你以为我很看重这个官位吗？"

殷学没想到李攀龙根本不给他面子，更不愿为五斗米而折腰。

也许，他觉得李攀龙会像其他的部下一样，对他的发号施令言听计从，满足他的专横跋扈。

二人互不相让，闹得不欢而散。

李攀龙以疾病上疏请辞陕西提学副使任。

而事实上，李攀龙当时身体的确不佳，在任期间受到几次地震的惊吓，又患有心脏病，所以，以回乡养病为由提出辞职。

王世贞知道后，曾极力劝阻，但李攀龙去意已决，并把辞官看作是自己更高精神追求的开始。

他想醉心遨游山与水，心思简净诗与文。

他想不与世闻脱凡尘，北渚台上看卷云。

临行前，李攀龙作《送郑生游大梁诗》：

君不见黄鹄高飞未可罗，榆枋之雀奈我何。

拂衣春色为黯淡，故山高卧白云多。

风尘谁识大梁行，夷门轻薄笑侯生。

虚左莫言公子事，今日邯郸已罢兵。

金丹初出照人寒，瑶草千年老鹖冠。

更欲清秋观渤海，那能渴病滞长安。

　　明嘉靖三十七年（1558）夏秋之交，未等吏部批准，45岁的李攀龙就拂袖而去，回到了济南。

　　像李攀龙这样不经奏准就拂袖而去、转身离职，将永远失去做官的机会。在一般人看来，这太不理智了，也太使小性子了，为这点小事就弃官而去，简直是莽撞的举止、不走脑子的冲动。但李攀龙不这么认为，他觉得自己的诗文应得到尊重，既然上司如此傲慢无礼，为了维护自己的人格尊严，这官当不当的也无所谓。

　　是什么原因使得李攀龙如此决绝且不顾一切？

　　是尊严，是被性情刚毅的李攀龙看得至高无上的文化尊严！

　　显然，李攀龙要维护的，不仅是文章的尊严，还有文化人的群体尊严。李攀龙显然是用最后的努力来抗争的，他说："要论按察司副使的职务，我是你的下属，但我还是皇帝钦命巡视学政的提调学校，这就不是你的下属了。"

　　李攀龙对殷学的抗争，绝非一般的性格不合或意气之争，而是文学之于政治，是清高的文化对于蛮横的威权的抗争。[1]

　　李攀龙辞官的消息一传开，在当时影响很大，许多人写诗寄慰。徐中行写《于鳞谢病归济南问讯》，吴国伦作《寄怀于鳞四首》，谢榛也写有《寄李学

---

[1]　侯林、侯环《在精神的高地上，那面猎猎飘荡的文化旗帜——李攀龙白雪楼考》

宪于鳞》。谢榛在诗中写道："西尽三秦胜，拂衣归故林。搜诗惨淡色，远世寂寥心。"而宗臣则在一封信中说，"鄙人明春幸不罢，即亦上书自罢。三四月间定得与足下握手长啸，醉蔡夫人酒耳"，表示也要追随李攀龙辞职，到时会去济南府拜访，并且喝着蔡姬端来的酒大醉一场。

李攀龙回到济南时，王世贞正在青州掌管军事监察大权的任上。

王世贞作《李于鳞罢官歌》赞扬其决绝的勇气，李攀龙在《拂衣行答元美》中描述了自己在官场所受的束缚及辞官归来后获得的自由：

> 五原驱车兴殊浅，三秦卧病秋云高。
>
> 束带那能见长吏，谈经何以随儿曹。
>
> 上书一日报明主，愿乞骸骨归蓬蒿。
>
> 小臣采薪业不佞，闻道巢由亦已逃。
>
> 拂衣中原风雨来，群公祖帐青门开。
>
> 二疏一去三千载，大夫未老宁贤哉。
>
> 新乡城西重回首，当时叱驭其人走。
>
> 路傍伏谒莫敢动，囊里俸钱君但取。
>
> 此辈交情虽可见，吾徒大名终在口。
>
> 于今偃息南山陲，闭户不令二仲知。
>
> 负海少年大跛扈，遣使问我抽簪期。
>
> 百尔不分一狂客，余发种种何能为。
>
> 玄经半卷常自诵，浊酒千钟醉不疑。
>
> 五子江湖正漂泊，黄鹄摩天慕者谁。

李攀龙回到济南，先是住在东郊鲍山附近的东村，卧病休养，此处，推窗就可以看见华不注山、大清河和小清河。从他写的《夏日东村卧病》十二首诗中可以看出，他仰慕司马相如的际遇，说明他依然心存济世的念头，还是想有一番作为的。

其间，为子嗣延续，李攀龙又纳卢氏为妾。

济南城东约15公里处，王舍人街道东，有一座海拔119米的山。相传，昔日附近有一座石城，名叫鲍城，是春秋时代齐国大夫鲍叔牙的食邑。山因城得名"鲍山"。

鲍叔牙墓就在鲍山的东北角，距山约500米。

昔日，这里花草繁盛，繁木成荫，石岩苔碧，浮岚滴翠，涧幽水清，蔚然深秀。

北宋散文大家、史学家、政治家曾巩，当年任齐州（今山东济南）知州时，曾为鲍山写下过一首诗《鲍山》：

　　　　云中一点鲍山青，东望能令两眼明。
　　　　若道人心是矛戟，山前那得叔牙城？

鲍叔牙，史书中又称鲍叔，春秋时期齐国的著名大夫，以善于知人著称。少年时，鲍叔牙和管仲是很好的朋友，后因齐乱，鲍叔牙随公子小白出奔莒国；管仲则随公子纠出奔鲁国。齐襄公被杀后，纠和小白争夺君位。小白得胜即位，即齐桓公。当齐桓公欲用鲍叔牙为宰相时，鲍叔牙力荐管仲，劝说齐桓公要不计前仇，以国家为重。他说："君将治齐，即高傒与叔牙足矣。君且欲霸王，非管夷吾不可。"齐桓公乃任用管仲为相，位在鲍叔牙之上。管仲十分感慨地说："生我者父母，知我者鲍子也。"由于鲍叔牙的让贤举能，管仲得以进居高位，施展他的政治抱负。他与鲍叔牙等人一起，修匡政，改制度，兴练甲兵，移风易俗，亲睦邻国，朝天子，令诸侯，终于使齐国成为春秋时的霸主。可以说，没有鲍叔牙，就没有管仲相齐，也就没有齐桓公之霸业。

《史记·管晏列传》说，管仲出生在贫寒家庭，家徒四壁，家里经常断炊。管仲和鲍叔牙一起做生意，鲍叔牙出本钱，等赚了钱以后，管仲总是多分一些。鲍叔牙的伙计们鸣不平，但鲍叔牙解释说："管仲家里穷，他需要多拿些钱奉养自己的母亲。"于是，"管鲍分金"的故事从此流传开来。

济南鲍山上就建有分金桥，以此来纪念"管鲍分金"这段佳话。

鲍叔牙死后，葬于鲍山山坡下，后人为纪念这位德行高尚、忠厚低调的先贤，把此山称为"鲍山"，其名沿用至今。

嘉靖三十八年（1559），在王世贞的建议下，李攀龙用积蓄在王舍人庄东北隅鲍山前建楼，后改称"白雪楼"。

"白雪楼"，是借战国末期楚国辞赋作家宋玉《对楚王问》一赋中"阳春白雪""曲高和寡"之意，李攀龙以此表明他孤高自许，不同流俗。 对于这座白雪楼，李攀龙在《酬李东昌写寄〈白雪楼图〉并序》中记述道："楼在济南郡东三十里许鲍城，前望太麓，西北眺华不注诸山；大小清河交络其下。左瞰长白、平陵之野，海气所际。每一登临郁为胜观。"

旧时"济南十六景"之一的"鲍山白雪"指的就是这座白雪楼。

管鲍分金

　　李攀龙的挚友王世贞在《寄题李于鳞白雪楼》一诗中描写道：

> 平楚苍然万木齐，嵯峨飞阁岱云低。
>
> 峰头玉蕊春长在，槛外金茎夜不迷。
>
> 赋就梁园无左席，书来郢曲有新题。
>
> 何人强责元龙礼，不遣清尊吾辈携。

　　清代诗人董芸在他的《白雪楼》一诗中赞美道：

> 好事争图白雪楼，鲍山苍翠矗高秋。
>
> 钟谭凋谢虞山死，始信江河万古流。

　　李攀龙回到济南，心情变得宁静而愉悦，无官一身轻，身体也渐渐康复起来。就像倦鸟，回到了属于自己的巢穴，极目远望，眼里的山山水水都流光溢彩、生机勃勃。许多不知名的野花，散落在白雪楼的四周，一路踏青，心也变得格外柔软。

　　古时的文人骚客，每到孤寂绝望的时刻，一定会寄情山水。他们向往山林的幽静，轻扣月下的柴门，焚香煮茶一小盏，仰观漫天的星辰，垂钓于渭水之滨，高山流水寻知音……正是大自然的抚慰，让他们澄心忘俗，气爽神清，旷达明净，重新唤起"春风得意马蹄疾，一日看尽长安花"的飞扬气势，从而，"华发风尘过，青山雨雪开"。

　　李攀龙即是这样的人。

　　他写将湖光山色收入眼底的白雪楼：

　　　　　伏枕空林积雨开，旋因起色一登台。

　　　　　大清河抱孤城转，长白山邀返照回。

　　　　　无那蓰生成懒慢，可知陶令赋归来。

　　　　　何人定解浮云意，片影飘摇落酒杯。

　　他写乡居生活的宁静恬美：

　　　　　田家何所有？樽酒结绸缪。

　　　　　散发坐园中，辘轳牵寒流。

　　　　　击我青门瓜，聊且克庶羞。

　　　　　雨气荡暄浊，披襟御南楼。

　　　　　开轩纳山色，余映一以收。

　　　　　云霞罗四隅，烟火蔽林丘。

　　　　　伏阴秀禾黍，饷妇媚原畴。

　　　　　西望华阳宫，若见清河舟。

　　　　　登临信亦美，旷然销人愁。

他写幽幽碧波的丁香湾：

> 平潭澹不流，寒影千峰集。
>
> 斜阳一以照，彩翠忽堪拾。

他在《九日登楼》一诗中描写暮色中的济南城倒映在水面上的美景：

> 白雁黄花处处秋，鲍山风雨独登楼。
>
> 忽惊返照湖中出，转见孤城水上浮。

他写重阳节时的《四里山》：

> 床头浊酒泛黄花，门外萧萧五柳斜。
>
> 此日登高人尽醉，谁知秋色在陶家。

他写云雀在楼阁上婉转啼啾，写老牛车在雨水中不知疲倦地转动，写啾啾的蝉语划破天空的辽阔，写田野上一两个往来其中送饭的妇人，写在空寂的深山里"心同流水净，身与白云轻"的感受，写成片的庄稼把大地装扮得油绿滋润。他在闲对山水之时，涤荡了心中的不快，郁结在心中的块垒也轰然倒塌。诗人在官场沾染的浮躁渐渐安静下来，敞开的胸襟也辽阔起来。

从此，李攀龙隐居高卧，不再与名利场中的官员、富商来往，对志趣不合者，更是闭门不见，只与情投意合的文朋诗友听琴赋诗。

白雪楼，俨然成了李攀龙自由自在的精神别墅。

第五章

千峰寒色天井寺

当年冬天，闲来无事，李攀龙便和同为"历下四诗人"之一的好友许邦才相约一起到天井寺小游。

李攀龙作《同许右史游南山宿天井寺》一诗，称赞这里的美色说："古寺马蹄前，荒山断复连。阶危孤石倒，崖响乱泉悬。"

许邦才随之唱和道："千峰寒色照骊裘，岁暮还堪载酒游。初宿南岩天井寺，便听一夜石泉流。"

从济南市区驱车，过二环南路，沿着港沟至西营的山区公路蜿蜒前行两小时，到达了港沟街道芦南村。这里地处泰山北麓低山丘陵地带，抬眼望去，山峦绵延，植被茂盛，郁郁葱葱。

继续前行，距芦南村约500米时，我们停车驻足，一道青瓦红墙映入眼帘。等走到跟前，一座完整的院落呈现眼前。

同行的朋友老王说，这就是云台寺，因位于天井峪，东临芦芽岭，西连孤月山，南靠天平寨，北枕锦洋湖，恰如置身天井之间，所以又名天井寺。

"这云台寺藏得可真够严实的啊！"我说。

"繁华的闹市里，怎能了却凡尘俗念呢？"老王道。

整个云台寺坐南朝北，东、南、西三面依自然形成的石崖绝壁而建，占地1000多平方米。

雄伟的朱漆大门上写着"云台禅寺"四个大字，旁边还有一副对联：

登峰始识云台寺

入室还寻智者龛

根据现存石刻碑文记载，云台寺于元代"元贞元年（1295）开山建寺"，在道山和尚开凿云台寺摩崖造像之前，云台寺已经存在。之后，云台寺又进行了历次扩修。明万历四十一年（1613），云台寺的僧众为了保护摩崖造像，在石崖上依山

云台寺

建造了一座宏伟的雄尊宝殿。

明崇祯年间，济南孝廉张经重修云台寺关帝庙，自此，这座寺院成了佛道两家的道场。其后，在清康熙年间，胡文显又重修云台寺山门及关帝庙，使得云台寺得以延续至今。

这就是嘉靖三十七年（1558）的冬天李攀龙和许邦才来过的天井寺？

据史料记载，元末明初，受战争影响，云台寺几近荒废。明正统年间，法号道山的僧人云游至此，见这里荒烟蔓草、颓垣破壁，可惜了一番山水，于是起了重修古寺之念。经过近50年的苦心经营，至成化年间，佛殿僧房才大致完工。此后，道山又在寺东悬崖之间请人雕刻了三尊石佛、七尊菩萨以及伽蓝等造像，使得整个寺庙"黄金丹砂璀璨，金碧辉煌映瞻"，也使得云台寺之名远播四方。

客籍山东的清代济南诗派诗人王初桐游览于此时，曾赋诗赞曰：

云台寺历经多次重修

云台寺前云半遮，桃花岭上桃初花。
山僧只在翠微里，卧听石泉流白沙。

而清代的又一济南诗人、被喻为"大明湖鸥社"盟主的范坰，也以七绝而诗，将云蒸霞蔚的桃花岭、虹枝掩映的云台寺，以及幽邃的泉声纳入诗中，赋予云台寺神秘情调：

石阁阴阴老树蟠，桃花岭上路巑岏。
炎威不到云台寺，天外泉声入耳寒。

阳光泻下来，山间便温暖了许多。

雍容华贵的牡丹花，在远离俗事缠绕的寺院里，悄然绽放着，幽香迷离。

云台寺内，明代修建的石砌雄尊宝殿尚且存在，现为山东省级文物保护单位，当地人称之为"石佛楼"。它殿高约十余米，宽约八米，为穹顶结构的无梁殿，殿内有三层石窟造像，多是道山和尚时雕凿。在最下层的三尊佛像两侧，后人又补刻两尊比丘，共计17尊，皆栩栩如生。在济南各县区范围内，这是现存最为完整的一组明代摩崖造像。

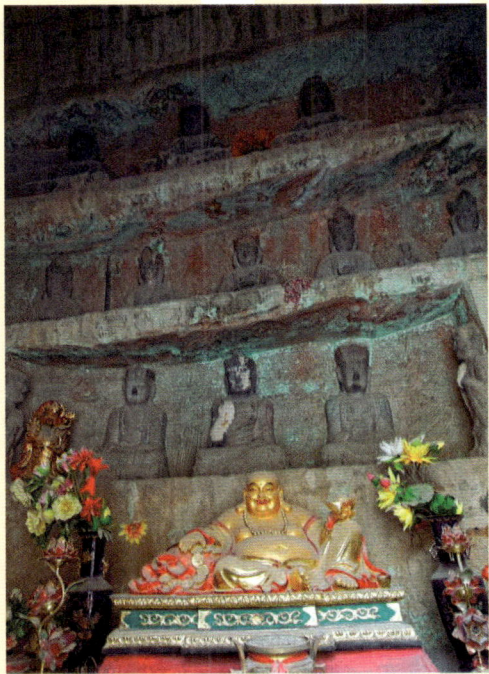

石佛楼

寺院内西崖壁下有一处名泉，泉名：玉漏泉。

清康熙、道光《济南府志》有载，称：在云台寺西岩下，"一名天井泉，点滴之声与铜壶不异"。清乾隆《历城县志》载："云台寺，在桃花岭东，一名天井，依涧筑台，依台筑寺，下有甘泉，石重重，盛夏无暑。"

在一块凹进去的、长满青苔的石壁内，从岩石间渗透出的泉水，顺着一丝裂缝，一滴滴地落下来，汇集到下面的小石槽中，然后，溅起亮晶晶的水花。

寺院的僧人说，这玉漏泉非常珍贵，它从来不多流，永远都是不紧不慢地往下滴答，就好像流出来的不是水，而是珍珠。哪怕是在雨季，它也顶多是连成线，从来都是旱不涸、涝不淌。用玉漏泉水泡的茶，醇香无比。也许正是因了它的珍贵，才叫它"玉漏泉"。

此泉涌水量较大，不仅能满足寺院自需，还可灌溉寺院下方的农田。

泉水上方的石壁上还刻有"大明弘治十一年重建云台寺碑记"。

崖壁上的玉漏泉

寺院中除众多碑刻之外还有御封龙碑一通。该寺于2013年被公布为省级文物保护单位。

继续往前走，还有很多没有名字的泉，都是顺着石壁缝隙滴落下来。伸手去接，然后将泉水吸入口中，顿感清凉甘甜。侧耳倾听，泉水滴答之声，在清明简静的日子里格外清脆、轻灵，仿佛过滤了悲欢，洗尽了铅华。

站在石壁旁，即使在酷暑，你也会感到周身清爽。那山崖下的阴凉，让人有种宁静中的怡然。

"你知道为什么说'云台寺的牡丹不下山'吗？"同行的老王，站在几盆牡丹花前，忽然问道。

"这怎么讲？"我问。我看见一个穿宽袖大袍的僧者，手持念珠，从远处走过。

"说起牡丹的神奇传

说，还得从云台说起……"老三望着远处一棵银杏树，慢条斯理地说道。

云台就是云台山顶上一处平坦的凸起，云台山也是因它而得名。据说，在阴雨天的时候，如果有人站在云台上，就会看到从云台寺里不断涌出五彩祥云，慢慢飘升到云台之上。雨色朦胧，云雾缭绕，山中情景，亦真亦幻。

相传很久以前，一位得道高僧看了五彩祥云之后，便说，云台山上有着很深的龙脉，而云台寺的位置为九龙头之地，预示着这座山附近的一个年轻人将会成为一代帝王，并且这山里的两个美丽的姑娘将成为王妃。不料，一个南方术士带领着一群人来此开山凿石挖宝，在南边山峰上凿了一条大深沟，挖走了镇山之宝，山上的龙脉便断了。那个英俊有为的年轻人便早早去世了，同时人们还发现两个姑娘也不见了。

后来，人们在云台寺上香时，发现寺院里多了两株娇艳怒放的牡丹。寺院里的僧人告诉人们，这两株牡丹便是那两个姑娘，她们本是仙子，下凡来服侍帝王的，谁料此缘未竟，中途夭折，她们便回到云台寺来守护九龙头了。这两株牡丹娇艳芬芳，光彩照人，一白一红，互相辉映。人们也更加爱护这两株牡丹。当地一个财迷的大财主，看中了这两株娇艳无比的牡丹，不顾众人反对，硬是在晚上把这两株牡丹挖回了自己家中。

第二天，财主邀请了当地名人富绅来家中赏花。说来也怪，众豪绅一到，昨日开得还很娇艳的牡丹立刻就枯萎了，翠绿的叶子也变得枯黄。众人一看，都非常吃惊，赶紧劝财主把牡丹送回云台寺，以免受到上天惩罚。财主心生畏惧，立刻用八抬大轿把牡丹送了回来。牡丹回寺后，立刻枝繁叶茂，娇蕊吐艳，俏美如初。从此，人们便传说开来——云台的牡丹是有灵气的，它是不肯下山的。如今，这两株牡丹依然守护着云台寺，它的一些旁枝被人们移栽到山下后便立刻死亡，只有在寺里，它才娇艳怒放。

一行人都看牡丹花去了。

我站在山崖下，静听着崖壁上渗透的泉水滴答的清音，想象着嘉靖三十七年（1558）的那个冬天的下午。

夕阳，就要下山了。

暮色，是从西面起伏的群山背面开始升起的。

寒风吹着落尽枯叶的树枝，也吹着路边枯黄的野草。远处有棵柿子树，树枝的高处残留着几个干瘪的柿子。

从蜿蜒的山路间走来几个人，其中有两个骑着高头大马的人。这两人，一个是刚升任德王府右长史不久的许邦才，一个是从陕西提学副使任上弃官回到济南的李攀龙，他们是发小，也是济南"历下四诗人"中的两位。

李攀龙辞官归隐之后的一天，许邦才见其心情不悦，就邀请他到济南南部山区的天井寺散散心。

李攀龙问："何以选此地？"

许邦才答："我们在路上慢慢聊吧。"

于是，二人带上几个家仆，骑着马就上路了。

路上，许邦才告诉李攀龙：明正统年间，有一个叫道山的和尚云游四方，看到这里寺基废弃却景色幽深，遂决心在此重建古寺。经道山近50年的苦心经营，到明成化年间，云台寺佛殿僧房才大致完工。道山的功名也由此远播四方。

这一来就引起了济南城里德王府的注意，明成化二十年（1484），王府皇亲魏郁和四周信众一起出资，请来了附近千佛寺碧空法师、观音寺入庵法师和福圣寺大渊法师等高僧共襄法事，并由章丘的头号石匠刁嵩为道山立碑，以志其功。云台寺由此成为一方观瞻，并与德王家族产生了割舍不断的联系。

他们顺着羊肠小道蜿蜒而上，进得山门，只见半月形的悬崖回环在半山腰，天井寺依崖而造。

此时的月亮，是明亮的，也是炫目的。

远处的山村，静卧在一片皎洁的月色中。

人间尘埃已落幕，鸟雀尽归南山林。

李攀龙在冬夜的月光下低回着，仿佛这空寂的云台寺里只剩下了他一个人。明晃晃的月光临照着一座十多米高、七八米宽的石砌阁楼，它倚天然石壁而建，楼内东侧石壁上有上、中、下三层，供奉着17尊石刻佛像，其中15尊与真人一般大小，另外两尊犹如孩童。如果是在白天，就会看清楚这些佛像形态各异、栩栩如生的神态。

有木鱼声，透过夜色里的窗棂，伴着月光，隐隐传过来。

许邦才默默地跟在李攀龙的身后，他知道，李攀龙此刻的心里，一定是落满了霜雪似的月光，而正是这月光，让他有几分憔悴的心灵得到了安抚。

他们走到了天台寺西侧，见有一处30余米长的棚厦式岩顶。走近一看，有水渗出，点点下滴，犹如颗颗玉珠漏落，滴落在崖下一方水池里，溅起的层层涟漪是银白的，而泉水滴落的声音仿佛是被青苔滤过似的，感觉有些滑润、有些清凉，却没有一点尘矣。

"这是玉漏泉，也弥天井泉，这泉水甘甜如饴。"许邦才说道。

"在南面的悬崖下，还有南、北两眼泉①。"接着，许邦才手指南面的山崖。

"我喜欢这泉水唏然滴落的样子。"李攀龙说。

"更喜欢它被放逐的样子。"片刻，李攀龙又说道。

许邦才没有言语，但他心里知道，李攀龙的话里似乎隐藏着一些令人无法破解的玄机。

群山渐渐融入夜的怀抱，冬夜的星星次第亮起。

寒月在上，明亮皎洁，光顾着冷清的寺庙、悬崖、飞檐、走兽，光顾着这寺庙里的香炉、碑刻和放生池，光顾着那油灯前不眠的两个诗人。

窗外的月光是淡薄的，淡薄得被风一吹，就会破碎一地。

远处，隐隐传来悬崖下众枭珍珠般滴落的清脆水音，回荡在空寂的山

---

① 玉漏泉之南，还有南、北两个泉池，2011 年 8 月泉水普查时命名为"甘露泉"。

泉水滴落

谷间。

一只松鼠，一闪而过。

晃动的树枝，摇碎了一地的清辉。

一个年迈的僧人，禅坐在蒲团上，手敲着木鱼，翕动着沧桑的嘴唇，默诵着经文。他身后那扇雕花的窗棂上，透进来一缕皎洁的月光。

在这寒星闪烁的冬夜，看着摇曳的青灯，不知李攀龙是否想起了自己曾写过的那首《碧云寺禅房》里的诗句：

> 佛土秋逾净，花台夜复香。
>
> 一灯醒梦幻，孤磬散清凉。
>
> 月上梵轮满，湖开天镜光。
>
> 新诗分妙偈，病客对空王。

这一夜，挑尽灯花，李攀龙和许邦才依旧有很多心里话没来得及诉说。

但两个人的内心是清和的，也是空明的。

就像那山崖下，在月光里滴落的玉漏泉。

第二天一早，李攀龙和许邦才用过斋饭，告别了主持，便骑马下山了。

在路上，李攀龙将昨晚写的《同许右史游南山宿天井寺》一诗，吟诵给了许邦才：

> 古寺马蹄前，荒山断复连。
>
> 阶危孤石倒，崖响乱泉悬。
>
> 乔木堪知午，回峰半隐天。
>
> 不因许元度，那得比攀缘。

许邦才大赞，随之唱和道：

> 千峰寒色照骊裘，岁暮还堪载酒游。

初宿南岩天井寺，便听一夜石泉流。

此时，寒风吹彻的群山，沉默而苍老，寂寥而安谧。它们起伏蜿蜒的曲线，看上去，异常地柔缓。

马蹄声，碎在了坚硬的山间小路上。

我从明朝的帷幕后面走出来，离开了云台寺。

我看见午后的阳光落满了寂静的山村，看见大片大片白色的溲疏花缀满了路边的土坡，十分娇艳。

沿着一条土坡上去，就见一块长满杂草的空地。空地北面，是一堵山墙，也是用石块砌筑的。石缝中探出的一节榆树枝子，使山墙的粗犷线条夹入些许阴柔之美，并让坚硬的石块有了古朴的灵性。

山墙前，堆着几块不规整的石头。有位同行的作家猜想：这里可能是原来放石磨的地方。他这么一说，我倒觉得真有可能是碾磨的地界儿。从我站着的位置，左右延伸过去，就是一条有深深车辙的山村道路，依稀感觉像是有独轮车和老牛车慢慢驶过。突然，隐约觉得有一人走过，他的身后跟着几只白色的

溲疏花

山羊，山羊的后面，有一条黄毛的狗。走到原来安放着石磨的地方，有人在跟他打招呼。放羊人回应着，然后拐进了一条胡同。不一会儿，就听见有木板门被推开的声音。也就在那木板门被推开的一瞬间，我仿佛闻到了木柴烧着铁鏊子上面的白面单饼和葱炒鸡蛋的香味。

记得高中二年级的那年冬天，我们年级的几个班学生乘坐着闷罐火车来到港沟一个小山村学农，每三个学生一组分到一户农家吃住。也是石头垒砌的房子，我们睡在铺着干草的地上，白天还好，一到夜里就冷得像在冰窖里。记得一次我感冒，没出去干活，天黑时，那家房东大娘回家后，就烧柴火给我烙了一张葱花油饼。也怪，吃了那张油饼，我第二天就退烧了，就能跟着班里的同学下地干活去了。

恍如隔世，物是人非。

时间销蚀着山村的容颜，磨灭着土坯草房。屋顶上的黄白苫、黄土泥抹墙面、木格纸窗、石碾子上的光亮，虽然还真实地保留了它们的原貌框架，但我一直觉得，没有人居住的房子是孤独的，而这种孤独，必定是空荡荡的，并随着年月的苍老，许多美好的或苦难的记忆也会慢慢消退。

一声清脆的鸟鸣，牵引着我的目光，落在了一棵唐槐的树杈上。

芦南村有两棵唐槐，我看见的是其中的一棵。它就像一位耄耋的老人，迎风站在半山坡上。它注视的前方是耸立于桃花岭前的芦南居民楼。昔日山上的村民都住上了窗明几净的楼房，用上了自来水、电梯和天然气。唐槐目睹了一个山村翻天覆地的变化，同时，也看见了曾经爬上自己树身的孩子们，一个个离开了大山的古村落，走向了日新月异的大都市。

唐槐的树心空了，树皮开裂，但依然生机盎然，依然枝繁叶茂。它就像那最后一位舍不得离开山村的老人，一直挺立在山坡上，让那些走出大山的子孙后代们，有一天回到故里时，不至于失去了记忆的方向。

463年后的今天，当我站在芦南村的唐槐树下，远眺云台寺，我不知道嘉靖三十七年（1558）的那个冬天里，李攀龙是否也看到了时光翻过石砌的院墙，落在了每一扇精致的木窗棂上？但我知道，李攀龙不会忘记那山崖下泉水滴落出的一片清音，更不会忘记那一壶白色的月光里装着的清越与空灵——这些精神滋养必将浸润诗人的心田，浸润诗人的诗行。

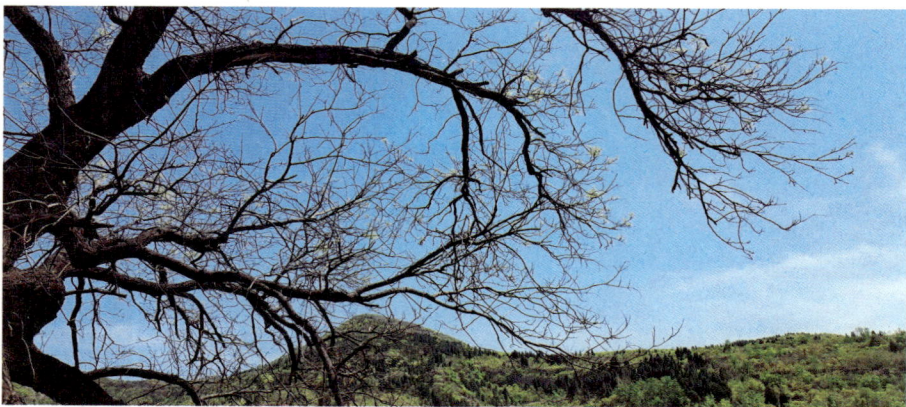

芦南村的唐槐树

第六章

≋

山泉林湖颂济南

　　月亮在西峰落下，清晨时刻，又传来节奏缓慢的钟声，落满霜痕的寺院满是寂静和空旷，佛祖仿佛就在白云间穿行着……哪里能逃避世俗的喧嚣？唯有这云林深处的暮鼓晨钟，能让人的身心得到抚慰和疗养。

李攀龙常常独自站在白雪楼头，让灵逸的清风拂动自己的衣袖，极目远望，在意境清幽之处，驰骋着他诗国里铺卷的风云、瞬间的光影、过往的烟雨、摇曳的心旌……而散落在千里之外的诸子诗朋，也在远眺着鲍山与华不注之间的那座白雪楼，并不时有书信往还，诗歌唱和。

王世贞在青州掌管军事、监察大权的期间，经常来济南府，与李攀龙饮酒唱和，切磋诗艺。嘉靖己未（1559）正月，两人在李攀龙家把酒论诗，彻夜长谈。经过这次愉快的长谈之后，两个人的诗歌创作热情更加高涨，特别是摆脱了官场束缚的李攀龙，更是将诗文当作生活的寄托了。之后，两个人来往频繁，一起写作乐府诗。李攀龙的《白雪楼诗集》前两卷中的乐府诗，大多写于这段隐居的时期。

这时期，除与王世贞、许邦才交谊唱和外，李攀龙还与因母亲去世而在济南服丧的殷士儋、出使东藩至济南的李先芳、由河南布政司右参政升山东按察使的朱衡、由兵部郎中升山东提学副使的吴维岳等赋诗唱和。

另外，还有魏裳、郭子坤、裴勋、于鲸等人经常聚在白雪楼，渐渐地，这些诗友便形成了一个历下诗群。

其间，江南的书画家周天球、戏剧家梁辰鱼专程来白雪楼与李攀龙相见，李攀龙热情款待，陪同他们到各处游览，并留有诗作。

以牧羊为业的裴勋，是李攀龙的同学兼好友，曾多次到鲍山南楼小住。李攀龙有《夏日裴生过鲍山楼》诗：

> 长白山人本神田，谈经半住鹊湖边。
> 携来满瓮春坡酒，已得诸生月俸钱。
> 倚槛四高沧海气，衔杯一望缙云天。
> 寻常鸡黍休嫌薄，不浅交情二十年。

这首诗写得平白如话，不生涩，读来让人感到亲切、自然，很有情趣，丝毫看不出作者辞官归隐在白雪楼孤寂凄苦，反而流露出了与朋友相聚时的愉快心情。

袭勖，七次科考不第，他与李攀龙少年相识，终生为友。

魏裳，是李攀龙在刑部时的同事，也是一位性情耿直的诗人。嘉靖四十一年（1562），魏裳以刑部侍郎出任济南知府，在任期间，治盗均赋，深受济南百姓爱戴。魏裳著有《云山堂集》六卷及《湖广通志草》等，并传于世。

魏裳与李攀龙相见时，还发生过戏剧性的一幕：李攀龙当时不知新来的知府是魏裳，听说有官员来访，只一味找借口谢客不见，最后不得已才出来，一见是故交，李攀龙十分高兴。魏裳的到来，弥补了李攀龙因王世贞、许邦才等人的离去产生的孤独感。此后三年，李攀龙一直与在任的魏裳交往密切。两人曾一起登过泰山，同宿过龙洞，交情不浅。魏裳是李家的常客，是魏裳提议将鲍山南楼改名为"白雪楼"，还亲笔题写"白雪楼"三字匾额。

有李攀龙《谢魏使君题白雪楼》诗为证：

> 白雪新题照画阑，鲍山堪此对盘桓。
> 楚宫一送江天色，郢曲长飞海气寒。
> 绕夜朱弦清自语，凌云彩笔老相看。
> 使君不是元同调，千载阳春和者难。

魏裳题写"白雪楼"匾额、刊刻《白雪楼诗集》，对李攀龙诗的流传起了很大的宣传作用。这也是归隐鲍山白雪楼期间，最值得李攀龙高兴的事。

李攀龙除在白雪楼与友人饮酒赋诗外，有时也会到许邦才在城北水村仿效西汉梁孝王的梁园修建的梁园别墅做客。李攀龙在此曾写过一首《逼除过右史水村，江山人同赋》：

夜来北渚北风急，打头雪花大如笠。

片纸东飞右史书，诘朝小作湖中集。

到门白鸟止高巢，系马南山诳人入。

使君亭午未解酲，肃客登筵一长揖。

地僻兼无俗子妨，樽空况有邻家给。

意气还须我辈看，功名但任儿曹立。

瞥眼旋惊青岁徂，沾唇莫放金杯涩。

世上悠悠已自谙，即今不饮嗟何及。

醉听楚调起寒云，彩笔凭陵朱丝湿。

平生多少伯牙心，此日因之寄篇什。

诗中写道："我们之间意气相投，情志相合，那些争名夺利的事，是儿辈们的事，与我们的友谊无关。人的一生，难得遇见一知音，今天我们就以诗表达这一心情吧。"

李攀龙在《和答殿卿冬日招饮田间》诗中又写道：

白云湖上北风寒，茅屋萧条两鹖冠。

我自能怜华不注，推窗君试雪中看。

白云湖边北风凛冽，萧条的茅屋里有两个头戴棉帽子的人。诗里的"鹖冠"，是指用一种像雉而善斗的鸟的羽毛做装饰的帽子，作者用此典来代指自己的归隐。"我自能怜华不注"，怜什么呢？似乎说的是华不注山，招呼朋友推窗"雪中看"，看什么呢？诗中也不做解答。都知道华不注山是平地拔起的孤柱一峰，这里暗合诗人不依附权贵的孤高心志，像披雪而立的华不注山一样高洁脱俗。诗写得含蓄、巧妙，给读者留下很大的想象和再创作的空间，诗意隽永，耐人回味。

李攀龙在济南隐居时期的诗歌，很多是与许邦才唱和的。

嘉靖四十一年（1562）秋天，李攀龙和许邦才结伴游济南南部山区，曾写下了一系列歌颂家乡山水的诗篇，如《月》《和殿卿神通寺见贻之作》《同许右史游南山宿天井寺》《龙集寺》《锦阳川九塔寺观许右史碑》《九日同殿卿登南山》《杪秋同右史南山眺望》等。

在济南近郊东南15公里处，有一座山势峻拔的龙洞山，因山中有一"龙洞"而得名。相传，唐尧时，有孽龙于此兴风作浪，造成水患。大禹治水，前来捉拿，孽龙钻山逃遁，至今留下深洞，故此山又称禹登山。

抵达龙洞山，需要翻越许多座大小山峰。这里山势奇绝，层峦叠嶂，往往形成断崖，山谷两面危峰壁立。北有老君崖、凤凰台，南有独秀峰、三秀峰，形成峭壁围绕的龙洞峪。峪口两侧为老君崖，崖下有老君井，传说太上老君曾于此炼过丹。与老君崖相对，东侧为凤凰栖息的凤凰台，两山对峙，谷底清溪流淌，山清水秀。深谷之南，迎面是巨峰危立、白云缭绕的白云峰。由此向西，穿过一段峡谷，就到达了龙洞峪腹地。

不知道当年李攀龙多少次来龙洞，是否也到过祷雨必应的寿圣院，是否也看到寺院南侧的鹫栖岩和岩巅上矗立的七级石塔，是否知道那形如西安大雁塔、高12米的石塔叫报恩塔呢？

鹫栖岩的北侧，是雄拔的独秀峰，石壁上布满十余种宋元以来拜谒龙神、游览胜迹的摩崖石刻。其中有宋代政治家范仲淹之子、齐州知州范纯仁在元丰四年（1081）的题刻。这些摩崖石刻有的字高三尺，气势雄浑，神韵潇洒，堪为奇观。两峰中间，有一巨大平直的峭壁，像一面屏风，人称"锦屏岩"。岩壁上凿有"白云无尽""锦屏春晓"等巨字石刻，被誉为"锦屏春晓"，是旧时济南八景之一。

李攀龙曾留下过不少关于龙洞山的诗篇，其中有：

> 春山遥上翠微连，忽出藤萝一径悬。

旧时济南八景之一"锦屏春晓"

削壁云霞开五色，中峰日月隐诸天。

浮沤并结金龛丽，飞窦双衔石瓮圆。

莫怪骊珠君已得，寒湫元自有龙眠。

（《酬张转运龙洞山之作》）

回壑深林绕梵宫，春来吟眺使君同。

空潭忽散三峰雨，暗穴常吹半夜风。

人拟二龙精自合，诗看五马步逾工。

诸天坐失悬镫色，明月先投入掌中。

（《与魏使君宿龙洞山寺同赋》其一）

使君春兴满绨袍，彩笔青山对浊醪。

望去天回双阙迥，坐来云尽一峰高。

蛟龙出入常风雨，鸿鹄翻飞自羽毛。

愧我淹留逢楚客，攀援桂树咏离骚。

（《与魏使君宿龙洞山寺同赋》其二）

削成东壁五云屏，下有龙宫夜不扃。

斗柄故临双瓮转，月明常对一珠亭。

龙洞

春回竹叶杯光白，天遇莲花剑气青。

坐久空山仙籁寂，新诗独为故人听。

（《与魏使君宿龙洞山寺同赋》其三）

秀色中峰独不群，藤萝二月已纷纷。

诸天近海金银气，双峡长青锦绣文。

塔影半空悬落照，溪流一曲洒浮云。

纵令洞口龙吟发，郢调还须让使君。

（《与魏使君宿龙洞山寺同赋》其四）

这些诗歌，有着梦一般迷人的意境。故乡大自然的奇幻山色，与诗人内心的宁静相互交融，读来令人如痴如醉。

佛慧山下的开元寺环境幽静，历史上许多名人都曾到访此地。明清时候还有许多儒生在寺里读书。

少年时代的李攀龙，曾和好友许邦才一起在开元寺住过，并在此读书。

开元寺遗址

他们亲密无间，"曾是春山夜，谈禅对友生"。

后来，他们还在许邦才的位于布政使街路东的瞻泰楼上一起唱和。

对开元寺，李攀龙怀有特殊的深厚感情。多年后，故地重游，他流连徘徊，思绪万千，用心写了一首《宿开元寺示诸子》：

三十年前住此峰，白云流水见相从。

那知此日东林会，更听开元寺里钟。

许邦才有一个儿子名许复，与李攀龙的长子李驹结为兄弟，同拜殷士儋为师。许邦才有一个女儿嫁给了李攀龙的二儿子李驯，所以，许邦才称他与李攀龙家族是"迩年婚媾，尤出天然"。

一天，李攀龙和许邦才一同去济南南部山区游玩，想去访问一刘姓山人。

他们到了那里，没有访到，回来后，李攀龙写下了颇有意趣的七绝《访刘山人不值》二首：

其一

主人三径草堂斜，稚子开门劝吃茶。

自有白云看好客，不妨红叶满贫家。

其二

南窗狼藉半床书，阶下苍苔罢扫除。

似是邻翁邀作社，不然应钓锦川鱼。

第一首写山人居住在白云飘飘、红叶环绕的大山深处，诗人走到一草堂前，推开柴门，主人不在。这时，出来一个小孩，开门迎客，请他们进家喝茶。李攀龙很羡慕山人闲云野鹤般的悠闲生活，觉得山人是位高洁之士。第二首写主人的南窗下的床上堆满了书籍，门前的台阶也打扫得干干净净。主人此时不在家，会不会是去邻家赋诗了呢？或许是去锦绣川钓鱼去了吧。这两首田园小诗，写得既灵动又令人遐想，不仅是在刻画刘山人闲适有趣的生活，实际也在勾勒作者自己向往的精神田园。

在济南柳埠南灵鹫山下，有一座九顶古塔。此塔始建于隋末唐初，为一单层砖砌佛塔，取意于"一言九鼎"。塔高13.3米，单层塔身的头上，顶着9座小塔。底部大塔为水磨对缝砌筑而成，塔基、身、檐均呈凹形曲线，异常柔和。檐叠涩向外挑出17层，又叠收进16层。塔檐上端各角落，筑有方形3层小塔8座，高2.84米，中央筑有中心塔，高5.33米，此为九顶塔。塔心室内，有一尊隋唐彩绘佛像。

与九顶塔的灵秀相比，明代那棵茶柏后的观音寺，就像是一间普通的山间民房，青石为基，正面青砖到顶，山墙片石到顶。观音堂内墙壁上残存有清末民初壁画，堂前有唐代著名大将尉迟敬德栽种的两株古柏。

九顶塔旁，有一块嘉靖四十一年（1562）立的嘉靖石碑。石碑立在龟趺之上，牌顶装饰有浮雕"负屃"，一看就是一块具有悠久历史的古碑。

这就是许邦才撰文、李攀龙手书的《重修九塔观音寺记》石碑。

许邦才在撰文之前，曾亲临观音寺探询建寺历史，探询的结果是："历考寺

九顶塔

碑，惟得唐天宝十一年、大历十四年之文为古。然曰重修，则犹非始也，意必建于梁隋之间而无稽据。逮我皇明则有弘治十三年重修九塔观音寺之碑，而寺名有定征矣。"

碑文对九塔观音寺所处的地理环境、古寺的历代修建、嘉靖三十六年（1557）重修前寺之凋敝、嘉靖四十一年（1562）重修后的焕然一新，都有详述，文字洗练生动，叠词连加，修辞华丽。文中有"其塔一茎上而顶九各出，松缔诡巧"语。

碑刻的手书是李攀龙从陕西罢归4年后即嘉靖四十二年（1563）所书，字体灵动，笔力秀健，规矩而扎实，毫无狂躁浮泛之气，字里行间洋溢着不同流俗的才情，秀润多于老辣，清新多于古朴，与他的诗风迥异其趣，从中也可以看到李攀龙为人的另一面。

重修九塔观音寺记

德府右长史、奉政大夫、前知直隶真定府赵州事邑人许邦才撰

钦差提督学校陕西等处提刑按察司副使、中宪大夫邑人李攀龙书

泰山北下，麓野之间，有地曰齐城，有山曰灵鹫，有川曰锦阳，峰峦复合，林荟苍郁，周距郡邑皆百里余，称异境云。寺建于此，莫知其昉，历考寺碑，惟得唐天宝十一年、大历十四年之文为古，然曰重修，则犹非始也，意必建于梁隋之间而无稽据。逮我皇明则有弘治十三年重修九塔观音寺之碑，而寺名有定征矣。嗣是历武庙暨今上握宝历之戊午，则复六十余祀矣，岁月风雨消铄而靡渐之。

于是梓或就朽，覽或就蚀，石或就泐，泉或就泥，饰之金碧，画之丹雘，□被之缋绣则类就凋落而渝旧矣。寺僧了谦者一日恻然叹曰："物无常新，功贵有继，不有名胜，寺何由兴？不有缮辑，兴焉可久？"乃奋肩其役，费视其积，以匮为期；劳视其力，以毕为期。施听于人，无必募；成听于天，无刻索。经始于嘉靖三十六年二月初二日，抵四十一年十月初十日告成矣。正殿竣，别事殿者三，曰伽蓝，曰祖师、钟楼。功倍于创，塔制无加于昔。前圣水泉既浚，后佛石龛亦涤，则朽者挺如，蚀者瑟如，泐者缜如，泥者冽如，凋落而渝旧者焕如灿如，辉辉煌煌，鲡缃如也。

《重修九塔观音寺记》碑刻

于是瞻礼俨俨，禅梵恬恬，钟磬訇訇，旃檀芬芬，慈云花雨，翩翩油油，祈谒而集游者绳绳轰轰而不绝矣。予前岁同李于鳞氏过神通寺，闻兹寺之胜，即欲一造，未果。及昨岁由柳浦镇乃克登，诣境，径斗绝，色相岑寂，昙霭毫光，恍惚时出，宜其僻而不废也。其塔一茎上而顶九各出，构缔诡巧，他寺所未经有，又左有观音寺碑一座，与塔对峙，暗然古色，似始建所置，故寺名九塔观音，殆出于此。因与寺僧咨□□□，请予二人者为记。于鳞氏以属予，予曰："于鳞今之王简栖也，尚不为此，顾予乃可乎哉？"及今春复有南山□□时，同游刘子子芳复为之请，既不能谂于鳞，故特直述其始末如左，方矣。

大明嘉靖四十一年岁次壬戌孟冬吉日建立

石匠 宋文皋 张守惠 镌

李攀龙后来再次看到此碑时，曾写过一首题为《锦阳川九塔寺观许右史碑》的诗：

名山谐夙好，况复近吾庐。

岚影浮斜照，兹川锦不如。

空林双树老，寒塔九华疏。

一片头陀石，新文六代余。

夕阳斜照下，有淡淡的雾气弥漫，薄云在山间浮动，远远地看过去，落满霞光的锦阳川比绚丽多彩的锦缎都光灿。在漫山茂密的丛林中，有一宽敞的空地，有两棵苍郁的古柏树，一座高入寒云的九顶塔，此塔构筑奇异、匠心独具。别看只是一片石碑，但上面新刻的碑文却是不同寻常的，能流传六代人之远。

如今站在九顶塔下，我们依然会为它的精美和静谧所感动，石碑上的碑文和手迹依然闪烁着千古不灭的光彩。

济南南部山区柳埠街道，有一四门塔公园，公园内有一神通寺。

　　神通寺原是郎公寺，约建于东晋初，前秦皇始元年（351），开山祖师为朗公。这座古刹是山东佛教的发祥地。原寺以门楼、大雄宝殿、千佛殿、方丈禅堂、法堂为中轴线，左右以伽蓝、达摩配殿及斋廊为翼。

　　朗公是西域高僧佛图澄（232—348）的弟子，曾受到过前秦苻坚、东晋孝武帝司马曜、后燕主慕容垂、南燕主慕容德、后秦主姚兴、北魏道武帝拓跋珪等六国君主的礼遇，被奉为神圣，名重一时，是当时中国北方最有名的高僧。据《高僧传》记载，竺僧朗少年出家，并开始周游访问求学，后来求道到了长安，最初在关中讲学。前秦皇始元年（351），他移居泰山，在泰山一带从事佛教活动，并在当时的统治者支持下，"大起殿宇，连楼累阁"，创建了山东地区最早的佛教寺院——朗公寺。朗公寺在北魏、北周时被毁，隋唐重加修建，隋文帝杨坚因为得神通感应，在开皇三年（583）将此寺改名为"神通寺"，并以此作为其母的香火院。

　　据记载，当时朗公所在的山里经常发生老虎伤人的事件，平日里，山民常常手拿棍棒结伙才敢穿行。等到朗公在此居住以后，山里的老虎们要么逃走，

神通寺

要么潜藏起来，都归服了。这里的山民无论白天行走，还是夜间居住，都不再担心被老虎伤害了。

从此，前来郎公寺拜见朗公的人络绎不绝。最令人感到神奇的是，朗公通常能预知每天来寺的人数，而前来的人往往如他所言如期而至。

恍惚间，我仿佛看到在神通寺逗留多日的李攀龙，在低吟着他的《神通寺》：

> 相传精舍朗公开，千载金牛去不回。
> 初地花间藏洞壑，诸天树杪出楼台。
> 月高清梵西峰落，霜尽疏钟下界来。
> 岂谓投簪能避俗，将因卧病白云隈。

清越的诵经声，随着月光投下的斑驳树影，恍惚迷离，幻若梦境，好像朝着时间的深处弥漫而去，同时，也侵蚀着月下那个人的肌肤和灵魂。月亮在西峰落下，清晨时刻，又传来节奏缓慢的钟声，落满霜痕的寺院满是寂静和空旷，佛祖仿佛就在白云间穿行着……哪里能逃避世俗的喧嚣？唯有这云林深处的暮鼓晨钟，能让人的身心得到抚慰和疗养。

嘉靖三十八年（1559），"后七子"之一的吴国伦再次遭严嵩父子报复而被贬。

李攀龙与王世贞得知此消息后忙写诗问其缘由，吴国伦写《初还山中，于鳞元美自青齐遣使见慰，赋答四首》回答。李攀龙回诗两首《跳梁行寄慰明卿》和《此儿行重寄明卿》，王世贞的诗为《慰明卿再谪长短歌二章和李于鳞》。

两人的诗均为七言，揭露政治生态，暴露官场时弊，宣泄心中不满。

> 武昌季子吴国伦，左迁三载匡庐春。红颜便着青云色，白眼岂是功名人。
> 邢州太守昔入计，犹自金闺侍从臣。顾问片言摇日月，弹章一字动星辰。

虽然旧属平津吏，常苦跳梁不可致。　调笑纵横倒四筵，交欢往往非其意。

世间那得郢中歌，君但论诗吾且睡。　何须更比谢生肩，但应独把王郎臂。

萧条颇似东方生，南康郡里忆承明。　文彩纵然倾汉王，诙谐难以取公卿。

画眉石镜二女裸，濯足长江九派清。　此儿寻常未易识，偷桃卖药行妖精。

近来犹尚凭陵否，俯仰浮沉无不有。　朝读司空城旦书，夜沽茂宰柴桑酒。

成败宁关达士心，卷舒终在朝廷手。　随他肉食作雄飞，饶我褐衣称下走。

党禁重开祝网年，一时逐客宠光偏。　晚收已抱泥涂恨，更谪如何不可怜。

事急谁能驰叩阙，家贫未拟罢归田。　再来地僻逾高枕，就使荒凉给俸钱。

壮游万里君须见，青琐凤池元不贱。　使气能令魑魅藏，出身曾厌槛枪变。

楚狂岂止接舆贤，秦孽犹堪背城战。　回首畏途真自知，一官不绝才如线。

难将此物斗翱翔，妒口含沙未可当。　四海弟兄堪并起，中原我辈正相望。

总看弃置风尘里，不作踯躅道路傍。　鼓枻更逢渔父笑，岂应憔悴老沧浪。

（李攀龙《跳梁行寄慰明卿》）

我闻南康大如斗，明卿佐理常什九。　昨日中丞抗疏荐，贤声辄满朝廷口。

豫章计吏入图事，爱君未敢援以手。　小臣怜才上白状，相公良久疾其首。

量移亦已从浩荡，不然径逐此儿走。　谁知片言触忌讳，毕竟功名成掣肘。

丈夫失意分自当，穷来傍人人避藏。　苦我折腰骨太劲，看他伏谒项能强。

纵令慢世无不可，似尔干时岂所长。　莫作拂衣少年态，宦游须使及春阳。

大舒楚歌小舒舞，是处江山好断肠。　王郎至今栖北海，帐前万骑绿沈枪。

（李攀龙《此儿行重寄明卿》）

王世贞读后，对这两首诗大加赞赏，说李攀龙的诗，每一个字都含着一滴泪，慷慨激昂，痛快淋漓，让人心中不由得感到快哉。深夜，被李攀龙的诗句调动起情绪，王世贞不禁朗诵起来，眼中的泪水也随之流淌下来。

激动之余，王世贞和诗道：

丞相肩舆入内殿，摇笔一扫三千人。王生束装视黜籍，乃见武昌吴国伦。

无官可谪左已久，有地足徙恩仍新。甘泉诸贵气成云，吴也亦是甘泉臣。
小臣无状业万死，尚许短檄随风尘。长沙坐中止鹏鸟，鲁东门外悲麒麟。
何方魑魅不抚掌，何处猿猱不鼓唇。李侯杜门十月矣，喑女再黜奚其陈。
此时尺一驰南康，府主揶揄目吴郎。

（王世贞《慰明卿再谪长短歌二章和李于鳞》节选）

诗中，王世贞把严嵩当时得宠之态以"肩舆入内殿"刻画出来，用"摇笔
一扫三千人"活灵活现地把严嵩为肃清异己而骄横跋扈的嘴脸暴露无遗。

这年，李攀龙常常会忆起昔日七子一起赋诗吟唱的快乐时光。与人聚会
时，他会说："握手平生人，笑谈出往事。旧游数子尽，风流吾党备。"于
是，他写了一组怀诸子的七绝诗，依次为《怀元美》《怀明卿》《怀子相》和
《怀子与》。此组诗怀四人，加上自己，与他"五子江湖正漂泊，黄鹄摩天慕
者谁"所言，人数正吻合。除此之外，他还写了《寄伯承》《寄茂秦》《寄顺
甫》和《寄余德甫》一组诗，列于同卷中。由此可以看出，王世贞等四子在李
攀龙心目中情同手足的地位，而李先芳等是交往频繁的朋友，并且，这次赋诗
联谊也把谢榛包括在内了。

七月，王世贞父亲王忬因得罪严嵩被关入死牢，王世贞行色匆匆奔赴京
城。其间，李攀龙多次诗信打探消息并安抚王世贞。在京城备受精神折磨的王
世贞，没有可倾诉之人，只有写信向李攀龙倾诉，带着耻辱和愤恨苟且生存。

次年十月，王忬在严嵩父子的谗言陷害下，被皇帝处斩。王世贞、王世懋
兄弟二人扶丧而归之时，李攀龙一个人从济南骑马跋涉五百余里，赶到济宁，
在运河边上洒酒祭奠王忬的亡灵。

李攀龙不但单骑出吊，而且写下了《挽王中丞》八首挽诗，公开替王忬
喊冤。这组诗不仅追悼一位冤死的有功之臣，还对朝廷的黑暗发出了强烈的控
诉。当时慑于严嵩的淫威，朝中大臣虽有很多人同情王忬，但都怕受牵连而唯

恐避之不及。李攀龙不畏强权，写诗悼念这位战功卓越、遭受冤屈的官员，并替其申冤述屈，这种行为很容易遭到严嵩父子的报复，或者被诬陷为对皇帝的不满。李攀龙的侠肝义胆，在诗中表现得淋漓尽致，令人钦佩。

《挽王中丞》其一：

> 主恩三遣护三边，骠骑功名灭虏年。
>
> 不谓汉军能失利，犹堪起冢象祁连。

李攀龙在诗中写道，王世贞的父亲王忬守护三边，功绩卓著，偶然失利，情有可原。因其战功，虽死，朝廷也应为其修一座如祁连山似的坟墓。李攀龙对社会不公发出强烈谴责。

《挽王中丞》其二：

> 司马台前列柏高，风云犹自夹旌旄。
>
> 属镂不是君王意，莫作胥山万里涛。

诗中的"司马"是古官名，后来指兵部尚书，此处指王忬曾任兵部侍郎之职；"列柏"除了用典指御史台，借指王忬曾任都御史之外，这一意象还让人联想起杜甫描绘武侯祠"丞相祠堂何处寻？锦官城外柏森森"的诗句。如今一代忠良化作冤魂，却依然挥舞旌旗指挥作战。单从字面上看，第三句"属镂不是君王意"似乎是在为皇帝辩护，实际上是将矛头指向擅权的严嵩之流。第四句"莫作胥山万里涛"，表面看是请王忬的冤魂不要怨气冲天而卷起滔天大波。其实不正是说王忬的冤屈像伍子胥的怨愤一般深吗？李攀龙通过用典把王忬的冤屈揭示了出来。

此诗写得委婉含蓄，低徊唱叹，诗境阔大，发人深思。

乡居期间，李攀龙还写过流传很广的经典七绝诗《和聂仪部明妃曲》：

> 天山雪后北风寒，抱得琵琶马上弹。

曲罢不知青海月，徘徊犹作汉宫看。

写王昭君出塞这类题材的诗作很多，仅在唐代就有50多首，宋朝的王安石、欧阳修、曾巩等大家也有这方面的名作。一般来说，对名家写过的题材进行翻新，实在不易，也难出彩，写不好会弄巧成拙。

李攀龙这首诗一开头"天山雪后北风寒"，先用远镜头，给读者展现出天山雪后的场景——天空到处飘散着雪花，远处的群山已被大雪弥漫，只有凛冽的北风在一片空旷的苍茫中回荡盘旋。看似童话般的风景，实际上是一碰即碎的塞外悲凉的画卷。此刻，一个在马背上拨弄琵琶的女子出现。那女子弹的是什么曲子呢？是离别之曲，还是怨恨之调？诉说的是孤寂，还是喜悦？关于这些，李攀龙没有在诗中点出来，而是把看点放在"曲罢"后。一曲弹罢，昭君眼前的景象迷离了，青海夜空上的月亮，恍惚间，幻化成了汉宫里看到的月亮。一个"月"字，把远离汉朝宫廷、在雪地上弹琵琶的王昭君思念故乡的心境，描述得细致入微、含蓄蕴藉。

这年秋，惊闻在福建出任提学副使的宗臣去世的消息后，王世贞仿楚辞《九歌》而作《少歌》三章以哀悼。李攀龙作《哭子相》四首以追念：

昭君出塞

其一

故园秋色广陵间，闽海悠悠自不还。纵使芜城愁易老，那能长客武夷山。

其二

清秋不尽客依依，梦里闽天挂剑归。莫向延平津口度，恐惊风雨二龙飞。

其三

扬子江寒月影孤，秋风吹落射阳湖。故人欲洒临江泪，湖上明珠竟有无？

其四

大江千里日滔滔，秋色遥看入梦劳。莫道故人枚叔少，悲君已厌广陵涛。

李攀龙一直关注宗臣后事料理的情况，得知友人余曰德在操办宗臣的身后事并准备把宗臣的作品结集出版后，李攀龙写信给余曰德，表示十分感谢。

辞官归乡定居的十年里，李攀龙在致力于诗歌创作的同时，还力图选编一部集历代诗歌精华的诗集，通过让人们诵读这些名家诗篇，以扩大其诗文主张的影响，这部诗集就是《古今诗删》。

作为文坛领袖，李攀龙的诗学主张会影响当时诗学的风尚，他虽未建立起自己复古主张的理论体系，但他编选的《古今诗删》却具有了创作典范和文学批评的意义。

《古今诗删》共34卷，寄托着李攀龙的诗学理想。为此，他耗费了大量心血，从乡居伊始开始编选，直到去世。其间，他曾多次跟友人提起选诗的进展，如：嘉靖四十二年（1563），他在给许邦才的信中说"我朝诸公，选可七八十首，亦未妥惬……彼中文献地，雅有藏本，不惮访录，以备当代之音"；嘉靖四十四年（1565），在给徐中行的信中说"前选诗目，概未精惬，十删其五，庶几近之"。

《古今诗删》对汉魏古诗并没有特别的重视，反而多取六朝诗人陶渊明、谢灵运及谢朓等所作风格清新的古体诗，树立了新的古诗典范，表现出一种比较宽泛的诗学取向。这表明，李攀龙在具体的选录古诗过程中，并未完全贯彻复古派的诗学主张。

《四库全书总目》评此书曰："是编为所录历代之诗。每代各自分体，始于古逸，次以汉魏、南北朝，次以唐，唐以后继以明，多录同时诸人之作，而不及宋元。盖自李梦阳倡不读唐以后书之说，前后七子率以此论相尚。攀龙是选犹是志也……"

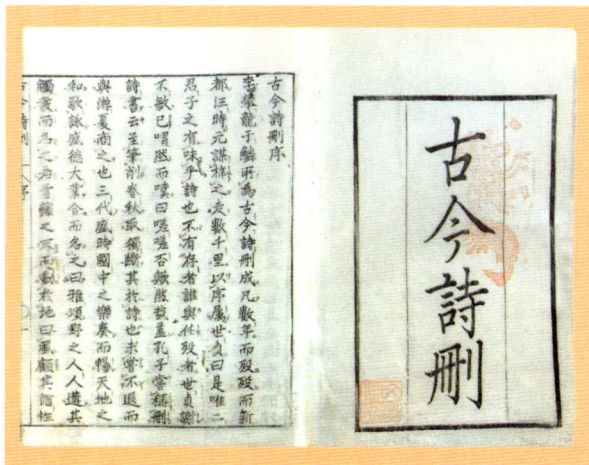

古今诗删

正如四库馆臣所言，从李攀龙不选宋元诗、以明诗承接唐诗这一编选情况来看，他继承了李梦阳不读唐以后书之说，彰显了复古派的诗学主张。

令人惋惜的是，《古今诗删》是在李攀龙去世后不久问世的，李攀龙至死也没看到自己选编的经典范本的出版。

JINAN 济南故事

第七章

百花洲上白雪楼

当星光落满瓦屋飞檐，一些白雪似的往事，飘落在了夜色之中。

谁的诗文，在一池水面上激起轩昂的气势？城头一片西山月，多少征人马上看。

那在石栏边听风声的人，看见了百花洲畔大片大片雪白的须缨，也看见了透过前尘投射过来的光，并渴望成为那道光。

白雪楼之上，不仅有天空的旷远，还有回响……

济南大明湖南门牌坊前，有一条东西走向的大明湖路。

站在南门牌坊下，往南看，是一条南北走向的青石板路，直通具有"家家泉水，户户垂杨"济南风光特色的曲水亭街。路的左边是一片碧波粼粼的小湖，湖水极清，7 000余平方米的湖面，有丛生的莲荷、停泊的小舟、游弋的白鹅和水草间嬉戏的锦鲤。岸边临风的垂柳，娇柔婀娜，妩媚极了。

这就是百花洲。

在百花洲，你会看见那青砖灰瓦的古屋，会看见那染了月色的背影，会品到那沁了茉莉花香的茶水，会听到那黄昏深处的短笛……它们被光阴泛黄成了一张张底片，深卧在心底的暗室里，一旦接触到回忆之光，就会显影出令我们怦然心动继而眼眶湿润的静美。

许多过往的踪影，都荡漾在了水纹里。

所有这些，给这座千年古城增添了无限的乡思和绵延的韵味。

明代的风，一次次掠过这一方春水。水面上的荷花，托举起湛蓝的天空。

在百花洲，与光阴对坐，内心无恙。

百花洲的北岸，原有一座百花桥，后来被人称为"鹊华桥"。

鹊华桥始建于宋代，为石拱桥，高3米，石护栏高约1米。传说站在桥上能北眺鹊、华二山，元代改名为鹊华桥。

清代历城诗人朱照在《春日鹊华桥上》一诗中写道：

> 丝丝杨柳欲成花，春尽河桥风物嘉。
> 四郭青山露云表，一湖暖水长芦芽。
> 有时飞鸟间高下，底事游船起喧哗。
> 遥喜北楼宜远眺，凌空窗牖敞明霞。

当年，曾任济南路总管府事的赵孟頫，就是站在这座桥上向北眺望，将含黛呈秀的鹊山和华不注山尽收眼底。

鹊华桥

　　由此，也就有了赵孟頫为解周密思乡之情而绘制成的那幅《鹊华秋色图》。

　　舜井、珍珠泉、芙蓉泉等诸泉的泉水汇集成曲水河，一路向北流淌而去，经过两座横卧于小河之上的小石桥，便流到了北端的百花洲，再继续前行，就一头扎进了碧波万顷的大明湖。

　　过去，百花洲附近的居民多在水里种植白莲，在岸上栽种杨柳；四周房舍，参差错落，俨然一幅随意挥洒的江南水乡画卷。

　　万历年间的济南诗人刘敕曾吟咏道：

　　　　一川清禁水，汇作百花洲。

　　　　倒影摇青嶂，澄波映画楼。

　　　　舟横竹港外，人坐钓矶头。

高客尝来此，开樽对白鸥。

想当年，百花洲岸边杨柳依依、酒旗飘摇；水面上倒映着近处的楼台亭阁和远处的青山，有小舟停泊在布满涟漪的水面上；文人骚客经常聚集在洲畔的小店铺里，一边喝着酒，一边隔窗观赏水中嬉戏的白鸥。

《老残游记》中所记载的"家家泉水，户户垂杨"，主要指的就是百花洲这一带。

那时的百花洲，水域比现在广阔得多。百花洲东岸一带的民居所在地，原为水中小岛，小岛名为百花台。百花台因百花堤得名，百花堤为北宋齐州（今山东济南）知州曾巩所建，因曾巩是江西南丰人，所以，百花台也称为"南丰台"。

在宋代，百花洲除了百花台，另外还有一座芙蓉台。

曾巩便有一首传世佳作《芙蓉台》：

芙蓉花开秋水冷，水面无风见花影。

飘香上下两婵娟，云在巫山月在天。

清澜素砾为庭户，羽盖霓裳不知数。

台上游人下流水，柱脚亭亭插花里。

阑边饮酒棹女歌，台北台南花正多。

莫笑来时常著屐，绿柳墙连使君宅。

夏天的百花台，花木扶疏，鸟鸣声声，流水潺潺，景色秀丽。

古人有"百花洲畔结茅宇""窗外暮听明湖雨"的诗句。

曾巩游览此地，写《百花台》诗赞美：

烟波与客同樽酒，风月全家上采舟。

莫问台前花远近，试看何似武陵游。

百花洲街巷

在诗人曾巩的眼里，百花洲一带的风景，分明就是陶渊明笔下的武陵桃花源。

从百花洲往南，是曲水亭街和珍珠泉。

明代文学"前七子"之一、一代诗杰边贡，曾在百花洲西南芙蓉泉边建了一座藏书的万卷楼。

边贡出身于官宦世家，自幼受到传统的儒学教育，弘治九年（1496）进士及第，年仅20岁。他少年登科，名动朝野。在36年为官生涯中，边贡曾先后擢兵科给事中，升太常寺寺丞，知卫辉府，迁荆州府，历陕西及河南提学副使、河南按察司副使，后以侍奉母亲辞职家居。嘉靖初，复起为南京太常少卿，拜户部尚书。

为官期间，边贡不事权贵，仗义敢言，以清正廉洁而闻名。同时，边贡还因为在诗歌创作上的突出成就，与当时文坛的复古派领袖李梦阳等跻身于"前七子"之列。

边贡在外为官期间非常怀念家乡济南，他认为天下最美的地方莫过于济南，并作诗称"我济富山水，人称名士乡"。与友人唱酬中，边贡写下了大量吟咏济南湖光山色的作品，如《西园八景》《寒食郊行》《题贾园四首》《七月四日泛湖》《湖上杂兴》《登千佛山寺》《游龙洞山》《出靳村望灵岩寺》《泰山回马岭》《登岳次刘希尹韵四首》等，表现了诗人对家乡的热爱。

边贡在为官从政之暇还喜欢收藏金石古籍，每到一地，都要"登临山水，购古书，金石文字，累数万卷"。嘉靖十年（1531），边贡罢官回到济南后，在大明湖畔筑了一座万卷楼，将其毕生收藏的金石碑帖、善本秘籍珍藏其中。

边贡每日端坐其上，眺望美景，读书为文，乐在心头。

次年，万卷楼遭遇一场意外火灾，其几十年心血化为灰烬。面对大火之后的断壁残垣，边贡捶胸顿足，失声痛哭："嗟呼，甚于丧我也！"此后，他忧郁成疾，大病不起，不久离开人世，终年57岁。

据记载，边贡死后被葬于历城郊外，可惜其墓今已无存。其一生著作甚多，现在大半都已散佚，仅余有《华泉集》十四卷传世。

明嘉靖年间，明代文坛"后七子"领袖、济南人李攀龙在陕西提学副使位上辞职，回归故里。在王舍人庄东北隅修筑白雪楼之后没几年，李攀龙将此楼变卖，又在百花洲东岸的碧霞宫附近修筑了第二座白雪楼，该楼又称"青萝馆"。

白雪楼四周荷叶田田，芦荻苍苍。

此楼有三层，底层为客厅，中层为书斋，上层为李攀龙爱妾蔡姬居住的房间。

李攀龙在外任和家居期间，都是由侍妾蔡姬悉心照料。

蔡姬生性聪慧，心灵手巧，对李攀龙体贴入微。她极善烹饪，又对面食制作很精通，尤其是她蒸的葱味包子，葱香浓郁。其做法是将葱段插入包子的撮口处，放入蒸笼中蒸熟，然后将葱段拔去，再迅速用面将撮口封好。吃时虽不见葱，却葱香扑鼻，味美可口。

若有文朋诗友来到白雪楼，蔡姬就会以葱味包子招待客人。

在李攀龙的朋友圈，都以能吃到蔡姬亲手制作的葱味包子为荣。

李攀龙的好友王世贞曾在《秋日过于鳞郡斋分赋十体得发字》一诗中这样写道：

> 入门登君堂，筐筐相罗列。
>
> 大妇治酒浆，小妇为炊食。
>
> 儿年十五余，冠裳来肃客。
>
> 感君缠绵意，含吐待君择。

诗中写的是，李攀龙在河北顺德任知府期间，一次，王世贞等人到李攀龙的家里做客。王世贞进门一看，见李攀龙夫人徐氏在治酒，爱妾蔡姬则在一旁忙着做饭炒菜，锅碗瓢盆摆了一堆。这时，李攀龙的长子李驹也出来拜见客人。他们的盛情令人记忆深刻，难以忘怀。

从这首诗里就可以看出来，蔡姬既是一个烹饪能手，又是李攀龙身边的理家贤内助。

的确，蔡姬对李攀龙的生活照顾和李攀龙死后家庭的维持，都有非常之功，因而也受到人们的赞许。

王世贞的另一首诗《于鳞遗苦酒瓜酱夜醉放歌戏用为报》，则从一个侧面写出了蔡姬烹饪技艺的高超：

朝对云门雪，隐如两玉山。

时无一杯饮，何以俱颓然。

平头大奴尺一书，戟之不得中庭趋。

青丝提绳白玉壶，郁金香夺银酝酥。

沉瓜片片芍药酱，压来纤甲痕珊瑚。

削瓜进酒咟不止，谓我卒当以乐死。

雪花为茵不肯寒，夜半歌声剑波起。

兰缸荧荧漏丁丁，罢舞起看头上星。

南有瓟瓜北有斗，碧霞之脯天公酒。

虚名误人竟何有，安期生，闭女口。

瓜出蔡姬酒李侯，八千年来汝得否。

这首诗给今人展现了这样一幅场景：门外，大雪纷纷，远处的两座山，像是玉雕刻的。大雪封门之际，正适合在家中喝酒。正好家中有李攀龙之前送来的酒和酱瓜，于是，诗人就着酱瓜喝起酒来。酒是李攀龙酿的，美味的酱瓜是蔡姬腌制的。那抹着芍药酱的酱瓜上，似乎还留有蔡姬那纤细的指印。诗人觉得，蔡姬制作的酱瓜和李攀龙酿制的酒，比"碧霞之脯天公酒"都香醇浓烈，都余韵无穷，几千年都难以遇到。于是，诗人喝完酒后，兴致很高，热血澎湃，就迎着满天寒星，拔剑高歌起舞。

李攀龙在百花洲上的白雪楼里，有红袖相伴，沉浸在诗词书画、金石声乐之中，怡然自得地过着隐居的生活，只与诗坛旧友、门生故旧以及后来的慕贤者相交，不与权贵往来。

这期间，是李攀龙诗文创作的重要时期，所写诗文占《沧溟集》大半，因而，最初结集曾名为《白雪楼集》。

一些达官显贵以被李攀龙接见为荣，学人士子更以其品评来衡量自己的身价。因此，"闻望茂著，自时厥后，操海内文柄垂二十年"。

嘉靖年间进士、官至光禄寺卿的冯惟讷，在《访李于鳞幽居晨起登楼作》一诗中，称此楼如人间仙境：

> 百尺高楼际晓攀，不知身世在人寰。
>
> 云边黛色连沧海，天外笳声落断山。
>
> 横逸文章千古事，沉冥丘壑几人闲？
>
> 秋来蓬阙金光满，时有卢敖跨鹤还。

李攀龙的好友殷士儋在《霁寰吴师参藩大楚》之三中写道：

> 大明湖上百花洲，临水新开明月楼。
>
> 曾是谈经登览处，胜游千载说风流。

遥想400多年前，烟波浩渺的百花洲中央，有一座白雪楼，无桥可通，仅一小船往返其间。来访的客人，要先在岸上通报姓名，试其诗文如何，等待楼上的李攀龙许可之后，才解船相迎。累日不倦，诗酒酬答。若是达官显贵慕名前来探访，李攀龙都懒得搭理，只是让仆人回一句"主人不在"，就轻松地把他们打发走了。

此性情中人，活得真洒脱。

这才叫风流。

沧溟先生会友图

这才是有风骨的文人应有的做派。

这种从骨子里透出来的清高，是古今济南文人特有的标志。

此时，百花洲的水面上，恰好有一叶木舟漂浮。如果坐上去，是否会被光阴划入400多年前的那座白雪楼呢？

是否会荡漾出一片柳浪闻莺呢？

假如这时，能听到有人在岸边吟咏白雪楼主人写下的诗句，该有多好。

白雪楼建成之后，济南诗人刘天民、边习、谷继宗、殷士儋、许邦才、龚勖、华鳌等诗朋酒友、旧识新交常雅集于此。这段时间，是济南诗派最鼎盛的时期。

济南诗派缘起于边贡、李攀龙，也以他们为标志。

边贡是济南诗派的开创者，李攀龙是该诗派的继承和发扬者，后继者有刘正宗和王士禛。

边贡的诗歌具有调丽情真、古澹闲适的风格，这时期的诗人主要有边习、杨巍、刘天民。李攀龙倡导雄浑高华的复古格调，他以自己的人格魅力，感召了大批的诗人，如许邦才、殷士儋、袭勖、华鳌、谷继宗、郭宁、潘子雨等人，他们是这一时期济南诗派的中坚力量。清初王士禛倡导"神韵说"，以"不著一字，尽得风流"为作诗要诀，神韵说成为当时诗坛的主流风气。这一时期的主要诗人有刘正宗和田雯。

当时的济南并不是指现在济南的地理范畴，而是指济南府。所以，属于济南诗派的还有王苹、李开先、邢侗、高珩、冯延櫆等诗人。

济南诗派到王士禛时代，达到了一个新的兴盛期。

王士禛与济南诗派

在百花洲的白雪楼隐居期间，李攀龙有时也会与朋友一起游览周边的名胜古迹。

大明湖历史悠久，纪念古人政绩、行踪的建筑以及自然景观很多，诸如历下亭、铁公祠、小沧浪、北极阁、汇波楼、南丰祠、遐园、稼轩祠等，是自古以来文人雅士经常聚会和诗酒唱酬的地方。李攀龙就曾无数次在这里游览宴集。

李攀龙在《五日和许傅湖亭宴集》中写道：

> 青樽临北渚，一为故人开。
>
> 此事成今昔，浮云自往来。
>
> 花间移枕簟，镜里出楼台。
>
> 忽就投湘赋，深知贾谊才。

在大明湖北岸的北渚亭，备好美酒与美景，是为了迎接老朋友的到来。今天的宴集已能分割出今日与昨夜之别，一切都变成了天上飘来飘去的浮云。宴席中的客人，不断地在花间穿插，更换着座位；如明镜般的大明湖水，映照着亭台、楼阁、水榭、长廊的倒影。此时，忽然想起贾谊的《吊屈原赋》，许邦才就像西汉时期的大文学家贾谊那样文思泉涌、才思敏捷。

另外写大明湖的还有《答殿卿过饮南楼见赠》其二：

> 南楼雪后忆离群，湖上衔杯弄白云。
>
> 也道酒如春水薄，樽前无日好无君。

还有一首《逼除过右史水村，江山人同赋》：

> 夜来北渚北风急，打头雪花大如笠。
>
> 片纸东飞右史书，诘朝小作湖中集。
>
> 到门白鸟出高巢，系马南山迸人入。
>
> 使君亭午未解酲，肃客登筵一长揖。

珍珠泉在百花洲的南边，是济南第三大名泉，位于今泉城路珍珠泉礼堂北面，是一处闻名天下的独特景观。在它周围有许多小泉，如楚泉、溪亭泉、舜泉、玉环泉、太乙泉等，统称为珍珠泉泉群。

珍珠泉以其华贵典雅、雍容大气，历来被文人游客所赞赏。一日，许邦才陪李攀龙在泉边观赏。看着泉水从沙际涌出，在阳光下忽聚忽散、忽断忽续，李攀龙不由得诗情盎然，写下《和殿卿白云亭醉歌》：

> 狂杀王门客，空亭日啸歌。
>
> 那知珠履散，自爱白云多。
>
> 短发明秋水，长裾曳芰荷。
>
> 独怜枚叟在，不复厌婆娑。

诗中的"王门客"是指许邦才，"空亭"是指珍珠泉南岸的白云亭。许邦才与李攀龙两个人情趣相投，又都是狂傲清高之人，经常在一起长啸吟咏。观看着清澈如碧的珍珠泉水，一串串白色气泡自池底冒出，仿佛抛撒开来的万颗珍珠，不可抑制地激发起两人的奇妙诗意和丰富想象。习习的秋风，吹过浮着荷叶的水面。看着一道道涟漪随之扩散开去，二人不由得想起了他们各自的风流韵事。只因为好友许邦才在此，所以，诗人李攀龙才喜欢在此流连忘返。

《抄秋同右史南山眺望》其一，就记载了李攀龙与许邦才游千佛山观"齐烟九点"的情景：

> 青樽何处不蹉跎，白发相看一醉歌。
> 坐久镜中悬片华，望来城上出双河。
> 杉松半壁浮云满，砧杵千家落照多。
> 纵使平台秋更好，故人犹恐未同过。

齐烟九点

诗人将山、湖、河、落日、秋色等诸多美景串联起来，勾画出一幅绝妙的济南秋色图。眺望远处像镜子似的大明湖，悬浮着华不注山的倒影；大清河、小清河如出城头，蜿蜒向东流去。千佛山上松杉葱郁，峭壁隐在淡淡的云雾之中；隐隐约约，可以听得见千家砧石上的捶衣声，散落在了落日余晖中。即使你为官所在地的秋景比这里好，恐怕也没有在家乡与好友一起观赏的这种惬意的心情。

整首诗呈现的是一种达观的人生态度，语言简练而自然，意蕴悠长，读来亲切，不愧为描写济南秋景的名篇。

此外，还有一首《简许殿卿》，写得却很伤怀：

> 玉函山色倚嵯峨，北渚清秋已自波。
>
> 我欲与君携酒去，不知何处白云多。

华不注山，又名华山、金舆山，地处济南市东北角，位于黄河以南、小清河以北。这里曾是春秋古战场，齐国和晋国的巅峰对决就发生在山脚下。华不注山因峰崖峻峭，翠绿荫遮，史上一度被誉为济南山色之首，历代许多名家都曾流连于此，并写下了咏山诗。

此山，平地突起，景色壮美。唐宋以前，华不注山周围全为水域，称莲子湖或鹊山湖，浅水稻溪，沼泽芦荡，水村渔舍，胜似江南。远远望去，此山像在水中含苞欲放的一枝荷花骨朵。唐代大诗人李白在《古风五十首》的第二十

华不注山

首中形容道："昔我游齐都，登华不注峰。兹山何峻秀，绿翠如芙蓉。"

每当秋日，天高云淡，大雁南飞，层林尽染，此处景色更加奇绝。元代书画大家赵孟頫曾绘《鹊华秋色图》，流传至今。后人又将此景命名为"鹊华烟雨"，列为旧时济南八景之一。

出生在济南的李攀龙，自然对这座历史文化名山情有独钟。他游览过许多名山，像华山、泰山，曾对其险峻、雄奇、壮美，用诗的语言从不同的视角进行过生动的描写。华不注山虽是一座小山，但它在李攀龙的心目中却是非同寻常的。他在《登华不注山绝顶》一诗中描绘道：

> 中天紫气抱香炉，复道金舆落帝都。
> 二水遥分青嶂合，一峰深注白云孤。
> 岱宗风雨通来往，海色楼台入有无。
> 不是登高能赋客，谁堪潇洒向平芜。

阳光下的紫气，像缭绕的云烟，环抱着香炉似的华不注山。孤峰突兀，像一架黄金制作的车子，从天国降落而来。从山顶俯瞰山北的大清河和山南的小清河，华不注山孤立在白云之间。南眺泰岱，东瞰大海，山海苍茫，风雨相适。不是登高能赋的人，有谁还配在这样的美景中痛饮狂歌呢？

李攀龙从俯瞰的视角，描写出了华不注山周围远远近近的景观，将五岳独尊的泰山和遥远的大海尽收笔端，展现了极其开阔的视野，气势恢宏，不同凡响。

李攀龙这首诗，应该说是自唐代李白写华不注山之后的七律名篇之一。

有时，李攀龙也会去距离百花洲不远处的瞻泰楼。此楼是许邦才成为德王府长史后建筑的读书处，位于明代济南城里布政使街路东玉环泉畔、芙蓉泉西边。当年，李攀龙经常在此楼与许邦才等人吟诗唱和。

田雯在《黔书》中记道："殿卿与于鳞同时，迄今芙蓉泉西有读书楼在焉。癸亥春，余题诗壁上，曰：'晴霞飞不断，湖水含泓澄。一丛白菡萏，无数红蜻蜓。我爱许长史，诗思何泠泠。'"

明朝的江山已远，百花洲上，谁与鸥鹭相伴？流水飞云花迷乱。

春风未老柳影斜，那年白雪，都落成了花瓣。阴晴圆缺都等闲。

玉环泉

一枚清澄的月亮，挂在高高的天上。它的清辉，透过柳丝洒落在百花洲的水面上，清澈又温润，有一种难以言说的简静和安怡。

此时，繁华市井的热闹，都已消散在暮色的深处。

百花洲上那座曾承载过几多风流佳话的白雪楼，也已隐退在了历史的帷幕背后。

当星光落满瓦屋飞檐，一些白雪似的往事，飘落在了夜色之中。谁的诗文，在一池水面上激起轩昂的气势？城头一片西山月，多少征人马上看。

那在石栏边听风声的人，看见了百花洲畔大片大片雪白的须缨，也看见了透过前尘投射过来的光，并渴望成为那道光。

白雪楼之上，不仅有天空的旷远，还有回响……

此时，我就在百花洲。恍惚间，自己就是那站在白雪楼上看风景的人，正立在明朝的某一个满天星光的夜晚，低吟着："谢客江湖已十秋，浮云华发共悠悠。闻君忽忆阳春调，浊酒还开白雪楼。"

想起"白雪新题照画阑"，仿佛才明白"千载阳春和者难"。

那年"十亩青萝别馆开，使君延眺意悠哉"，而今"风摇北渚清阴合，烟杂南山黛色来"。

坐在临街的台阶上，看着百花洲上那只停泊的木船，我知道，那船里装满了夜空的星光；荷花依然在月光下静静地开放，锦鲤在记忆的水中拨动着那枚月亮。

蟋蟀那清脆的翅鸣，颤动在如水的月光里，弥散在白莲花的水面上，让每一个能静下心来的人，内心一片澄澈。

此时此刻，我想起了许邦才写的那首《白雪楼夜赋》：

坐我白雪楼，翩然解朱祓。

仙去犹懒从，微官是何物？

问我平生欢，有如此夜不？

忍将世上名，与易杯中酥。

我知道，有人会透过几块中国的花窗，看见雕花的影壁墙、浮着睡莲的池塘、茉莉花绽放的模样、月亮门里的红海棠、迷乱了一墙的凌霄花……

此时，虽然没有沾衣欲湿的杏花雨，却有吹面不寒的杨柳风。

回首百花洲，只觉得有月光的氤氲注入了内心。

夜色百花洲

JINAN 济南故事

第八章

我今为客渡江来

对于复出，李攀龙的心情是矛盾的。

即将面对的官场，还是那般人心险恶、明争暗斗吗？明朝的江山，还是刀光剑影、步步惊心吗？

终是儒者之心，以功名为念，为苍生而仕；不想升擢重用、甘于平淡，非攀龙之初心。

积极入世的儒家思想，在李攀龙的潜意识里是根深蒂固的。

嘉靖四十一年（1562），严嵩倒台，被没收了家产罢官回乡，随后在家乡病死。

三年后，严嵩的儿子严世蕃被嘉靖皇帝朱厚熜下令斩首。

朱厚熜在位45年后，于1566年底在乾清宫驾崩，享年60岁。

同年，朱厚熜的三儿子朱载坖继位，第二年改为隆庆元年。上任之初，隆庆皇帝革故鼎新，纠正其父朱厚熜在位时的弊政，之前以言获罪的诸臣全部召用，

隆庆皇帝朱载坖

已死之臣抚恤并录用其后人。隆庆皇帝还下令荐举天下高士，大臣荐举遗贤22人，其中就有李攀龙。

朱载坖表现得宽厚躬修，朝中政事以沉着应对，放手让高拱、陈以勤、张居正等大臣去管理朝政，如此一来，既弥补了他管理能力上的不足，也收到了任用贤人的较好效果。他纠正了其父重用方士的弊政，免除了百姓大部分的田赋欠税，解决了困扰朝廷多年的"南倭北虏"问题，与蒙古部落首领俺答汗议和通商，废除海禁，允许民间越洋贩运商品，国家渐呈中兴之势。

史称隆庆新政。

隆庆元年（1567），李攀龙54岁。这一年，让他高兴的事情接连不断。

二月十五日，其妾卢氏为他生下一个儿子，起名驯。李攀龙希望这个小儿子将来善良而温顺，成为一匹超群的天马。老来得子，让李攀龙满心欢喜，他赋诗《二月十五日诞子》以作纪念：

三十卢家妾，明珠报使君。

国香元有种，天马自超群。

月应悬弧满，春迎剪绂分。

负薪还尔事，岂敢望青云。

与此同时，他还写信把这一喜讯告诉了他天南地北的文朋诗友。从他写的"天马自超群"诗句中，可见其对小儿子的期望甚高。

不久，他又得知王世贞兄弟赶往京城为父申冤，王忬的冤狱终于有了平反的希望，李攀龙感到时局有了新的转机。

这一年，新皇帝下令荐举天下有志趣和品行高尚的贤者。大臣荐举遗臣22人，李攀龙便是其中之一。

此时，李攀龙的身体每况愈下，受病痛折磨已达百日。初愈后，李攀龙仍心有余悸，时有对生命无常的感慨和对光阴易逝的嗟叹。

人的一生，充满了许许多多不可知、不可控的因素，就在李攀龙自己病体还没痊愈之时，死别的不幸却降临到他的头上。七月二十四日这天，其相濡以沫37年的结发妻子徐氏溘然病逝。

李攀龙与妻子徐氏情笃意深，爱妻病逝使他肝肠寸断，备受煎熬。

在这个世上，有很多夫妻，终生不言海誓山盟，却彼此情深。即使偶尔有细雨微风，也不惊心动魄，过后，依然是窗明几净，良辰美景，长夜挑灯，相伴一生。

有时，一世的平淡相守，远远胜过一时的繁华。

只因为，不愿辜负此生的一段琴瑟之情。

徐氏自嫁给李攀龙后，备尝生活的艰辛，几经颠沛流离，过着缺衣少食乃至靠典当生存的艰辛日子。徐氏贤良淑德，勤俭持家，跟婆婆一起给人做些针线活贴补家用。她待李攀龙尽心尽意，没有一丝的怨言，为的是让他专心求学、心寄诗书。她性情恭顺温和，心思细腻，对丈夫关怀备至，嘘寒问暖。她的去世让李攀龙非常伤心。李攀龙在《亡妻徐恭人状》一文中，充满深情地陈述了妻子的艰苦、勤劳、恭顺、温和。自李攀龙中进士到历刑部、守顺德、提学陕西，徐氏总是跟婆婆生活在一起，供奉侍候她生活起居。她疼爱子孙，宽待下人，是个豁达明慧的女人。

殷士儋、许邦才分别为徐氏作墓志铭和行状。

十月四日，李攀龙和长子李驹将徐氏安葬在济南城西北马鞍山东麓。

此时，朝廷正式任命下达，"起用原任陕西按察副使李攀龙于浙江"。

对于复出，李攀龙的心情是矛盾的。惊喜之余，他内心更多的是起伏跌宕，既有欲有所作为的喜悦，也有对仕途风波的忧虑，同时还流露出对隐居生活的留恋。

即将面对的官场，还是那般人心险恶、明争暗斗吗？明朝的江山，还是刀光剑影、步步惊心吗？

终是儒者之心，以功名为念，为苍生而仕；不想升擢重用、甘于平淡，非攀龙之初心。

积极入世的儒家思想，在李攀龙的潜意识里是根深蒂固的。

何况，在古代，饱读诗书的人，不管是为了效忠皇帝，还是为了社稷之福，除了入仕，也没别的更好选择和出路。至于在这条命运莫测而崎岖坎坷的道路上，是被鞭策而行，还是被奴役而为，他们都是身不由己的，有时还要违心地随波逐流。

隆庆元年（1567）十一月二十二日，李攀龙从济南启程赴浙江上任。

此时，家境十分清贫的李攀龙，没有多少盘缠。无奈之下，为筹集路费，他只好卖掉一些家里的田地。

为官数载，两袖清风，家境日益清贫，令人酸楚。

虽然如此，依旧豁然，踏上旅程以后，李攀龙还是对新生活充满了美好的憧憬。

车马徐行，缓缓走过秋天的田畦和阡陌。路过江苏吕梁时，眼见岸边怪石嶙峋，江中波涛汹涌，李攀龙的心情，也随之激荡起来：虽然自己的盛年，一如走过的路，渐行渐远，但心中依然还是想做一个贤明的地方长官，为百姓有所作为，哪怕是留一帘的明山秀水，也是一段佳缘。

到苏州时，正巧遇到王世贞兄弟俩，他们便在一起畅饮三夜。面对还没有得到起用消息的王世贞兄弟，李攀龙不能过度地表露自己投身社会想有所作为的热情，但在《答元美吴门邂逅于鳞有赠》一诗中，他依然掩饰不住澎湃的激情。此时的李攀龙已扫除了对做官的畏惧心理。

途经浙江桐庐县严陵①时，听到王世贞被朝廷起用的消息，李攀龙甚觉欣慰，立即催促还在犹豫不决中的王世贞即刻上任，并在《过严陵》一诗中写道：

> 严陵物色动新年，解缆春回七里船。
> 绣岭更宜残雪映，钓台高并客星悬。
> 滩声乍合三江壮，山势遥临百越偏。
> 此日青阳瞻帝座，羊裘深愧昔人贤。

临近除夕，李攀龙抵达任所，还没等住所安排妥当，就废寝忘食地投入繁忙的工作中去了。从他给朋友的信里"日判五百牍"的言语中，可以想象，他的工作相当繁忙，但也可以从中看出，李攀龙的工作热情是十分高涨的。

寸阴尺璧，日影如飞。

"彩笔如花谁不羡？敢将春兴斗芳菲。"李攀龙在杭州任职的日子里，心情是十分舒畅的，与在顺德和陕西时比起来，有着天壤之别，不再"去住俱贫

---

① 严陵，相传为东汉名士严光隐居垂钓处。光武帝曾因严光而多次垂访此地。

病，风尘动渺茫"。西湖的清波碧水涤荡了他心中的风尘，西湖的细雨熏风医治了他贫病的郁闷。由此可以看出，中国的文人一旦仕途通畅，便不再做出世之想，更不再去选择隐遁的生活。

随着仕途的顺畅，再次在诗坛上扬起"后七子"的旗帜、重振当年风采的想法，也在李攀龙的脑海里涌现出来。

与此同时，他结识了从福建转到浙江任职的戚继光。

之前，李攀龙就对戚继光很是崇敬。

嘉靖四十年（1561），倭寇曾率盗船百艘、领兵一二万犯台州（今属浙江省），参将戚继光率领"戚家军"力战群倭，经过40天的激战，获得台州大捷。消息传来，李攀龙高兴地写下《即事四首》，其一：

> 羽书秋色外，飞挽海陵回。
>
> 日上犁庭议，时难度漠才。
>
> 物清奇士过，天造异人来。

戚继光

侧席劳明主，黄金正满台。

　　李攀龙一面赞颂战功，一面讽喻朝政，真心希望朝廷能信任和任用良才猛将来保卫海疆。

　　戚继光（1528—1588），山东蓬莱人，字元敬，号南塘，晚号孟诸，明朝杰出的军事家、民族英雄。其祖为明朝开国将领戚祥，曾任朱元璋亲兵，洪武十四年（1381）病逝，授世袭明威将军。

　　戚继光自幼跟随父亲读书、习武，从小就立下了驰骋疆场、保家卫国的志向，一生中40余年均在军旅中度过。嘉靖二十八年（1549），22岁的戚继光带兵从登州到蓟镇戍守。第二年，戚继光回山东参加乡试，中了武举人；同年，到北京参加会试。此时，正值俺答汗率领蒙古军挥兵南下，一直打到了北京的东直门下，在京会试的武举人奉命参加保卫京师的战斗，其时，戚继光被任命为总旗牌官。

　　嘉靖三十二年（1553），沿海地区倭寇猖獗，戚继光被任命为署都指挥佥

戚继光在蓬莱的故居

事，负责山东全省海防。在任内，他大力修建海防工事，整顿军纪，加强练兵，使得山东海防日趋巩固，受到朝廷的赞许。嘉靖三十四年（1555），他又被任命为浙江都指挥金事，主管浙江全省的屯田事务。不久，东南沿海倭患严重，他被任命为浙江宁绍台参将，管理宁波、绍兴、台州三府数十州县的军务。嘉靖三十七年（1558），他又被提升为总兵官，镇守福建及浙江金华、温州二府，都督水陆诸戎务。

嘉靖四十年（1561），倭寇大举侵犯台州，戚继光率领戚家军大破倭寇于浙江临海，九战九捷。

嘉靖四十二年（1563），戚继光与福建总兵俞大猷、广东总兵刘显等获得平海卫大捷。从此，倭患终被荡平。

戚继光作为一位军事家，著有军事专著《纪效新书》《练兵实纪》。但他还拥有另一个身份，即文化身份，只不过这一身份以往太多地被他一代名将的光环所遮蔽了。他独特的文化身份使他成为中国军事文化史上一位极其杰出的人物。在他的日常生活中，不仅有着刀光剑影，也有着诗人豪情，戚继光曾著有诗文集《止止堂集》。

在江南和闽粤沿海抗倭取得卓著战功以后，戚继光与官场上的文人和隐于民间的文人交往开始增多。特别是在他结交了文坛领袖人物李攀龙和王世贞之后，许多文学之士，都渐渐成为他帐下的幕客，使他的文化交际面不断扩大。

一天，戚继光将自己撰写的十八卷本的《纪效新书》赠送给了李攀龙。

《纪效新书》是戚继光在浙江义乌练兵、与倭寇作战的经验总结，同时也是此后抗倭战争中练兵、作战的指导原则。

李攀龙读后，认为这本书堪比《司马法》和《孙子兵法》。

在给戚继光的回信中，李攀龙除了赞扬这本兵法之书写得很有独特的练兵思想和作战指导作用，还叙了山东老乡之情；同时，李攀龙对戚继光大加赞美，认为戚继光的功勋比春秋末期齐国著名军事家田穰苴、孙武有过之而无不及。

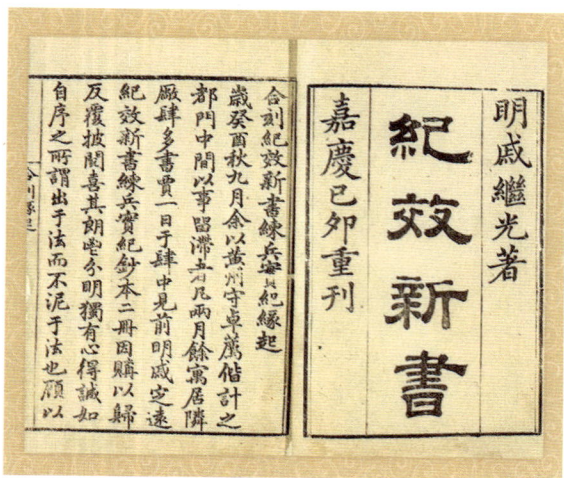

纪效新书

通过阅读《纪效新书》，李攀龙感到一直处于南倭北虏威胁之中的朝廷有救了，他为有戚继光这样守家卫国的将军而感到非常兴奋。更让他兴奋的是，他有机会亲身领略了一次戚家军的士气高昂、威武严明。

李攀龙任浙江按察副使，主要是负责督察浙江的军事防务等方面事宜。因为倭寇多次入侵，他最担心的是海上的战斗力。

隆庆二年（1568）三月的一天，他视察海防，检阅的是抗倭名将刘显率领的"戚家军"。严整的军纪、新颖的武器、士兵的列队、战船的布阵、火炮的威力、水兵与骑兵的配合作战等，让他大开眼界，给他留下了深刻的印象：

不佞既东，陌落恬然，秋毫不犯。登场大阅，复睹纪律森严，士气距跃，技艺精真，可蹈水火。艨艟便捷，投枚记里，桨舵之利，折旋如活；炮石四兴，波涛响应；削柿树檄，示疑设伏。所征叙、泸弁旄之步，闽、粤善游之徒，三河挽强之骑辈相扼腕，唯敌是求，乃日椎牛行犒，而帷幄自爱也……摄海之役，不佞所以身亲其美者如此……乃既奉违，恍然自失，有如目前，至今不置，非敢为诞也。（摘自李攀龙《报刘都督》）

随后，李攀龙又迫不及待地把"戚家军"的威武雄壮及自身感受告诉了王世贞：

戚将军实壮旗鼓，即至肃不觉吭吭作哄，喉中如叱敌追北状。不佞今在视海，刘将军者自谓十五从军，凡五百七十八战，破寨九十有三，平蜀攘粤闽与维扬，口难剧谈迸齿，始悉此二国士可与扼腕。（摘自李攀龙《报元美》）

信中李攀龙对刘显将军表示了由衷的敬佩。

事实也是如此，刘显作战勇猛、威武难挡，在抗倭名将中，是作战最猛、武力最高的人之一。

经过此次阅兵，李攀龙感到一直受倭寇威胁的海疆从此有了安定的希望，对朝廷的国防建设也有了百倍的信心。他抑制不住内心的万丈豪情，挥笔写下了气势豪迈的《大阅兵海上四首》：

其一

使者乘轺大阅兵，千艘并集甬句城。

腾装杀气三江合，吹角长风万里生。

帐拥楼台天上坐，阵回鱼鸟镜中行。

不知谁校昆池战，横海空传汉将名。

其二

戈船诸校锦征袍，水战当场命客豪。

万橹军声开岛屿，千樯阵影压波涛。

赤城深泛旌旗动，射的遥衔竹箭高。

东海便应铜柱起，何妨马援是吾曹。

其三

列舰如城积水前，援枹拥棹出行边。

桔橰气逆流乌火，组练光摇太白天。

鹅鹳一呼风雨集，鼋鼍双驾斗牛悬。

即今万国梯航日，并识君恩浩荡年。

其四

新开帷幄控朝宗，万里波臣老折冲。

海气抱吴遥似马，阵云含越总如龙。

中流鼓应潮声叠，下濑戈回日影重。

自有长缨堪报主，谁言白雉竟难逢。

　　李攀龙的这四首诗，用樯橹如林的宏大场面、万马奔腾的磅礴气势、乘风破浪的勇士气概、旌旗猎猎的壮志豪情、如龙一样变幻的战阵、讨伐来犯的号角鼓声，歌颂赞美了卫疆将士们誓死报国的决心和英雄情怀。此次的海上演习，远远胜过当年汉武帝在昆明池练兵，将帅也比汉代的统军越海出征的横海将军高明且有智谋。

　　同时，我们在诗中，也看到了诗人李攀龙爱国情怀的真实流露，以及他受儒家文化影响的忠君思想与家国情怀的集合。

　　这年四月，分别已久的徐中行来到杭州，与李攀龙聚会二十多天。两人一

戚家军海上抗倭

起游览了水光潋滟的西湖、群峰环抱的灵隐寺、宛如美人的保俶塔、宝石山上的大佛寺，所到之处，都写有诗作。

秀丽的山水，让他们流连忘返；禅心的滋养，让他们享受清欢；自然的风情，让他们神清气爽；轻灵的韵致，让他们淘尽悲欢。

徐中行在杭州期间，将自己的学生汪时元介绍给了李攀龙。

汪时元，字惟一，安徽休宁人，明代诗人，诗坛"后七子"徐中行的女婿，是当时江浙一带很有名气的出版商，曾拜李攀龙为师。

李攀龙也曾专门给汪时元写过一首七言排律《题徐子与门生汪惟一竹丘图》：

灵邱隐者一逃名，万竹临江见底清。
徙倚七贤相寄傲，便娟二女重含情。
葛陂诳信双龙影，嶰谷空传五凤声。
风雨长教秋色驻，冰霜兼与岁寒盟。
投竿渭水才堪老，受简梁园赋已行。
愿得此君开蒋径，不妨佳客醉宣城。
浮云西北来何莫，今日东南美自并。
截作武陵溪上笛，方知马援有门生。

后来，在两个人的谈话中，汪时元与李攀龙谈到了重刻《白雪楼诗集》一事，李攀龙很高兴。于是，李攀龙委托他代为校刻，并把魏裳刻本外的诗歌全部交给了汪时元。

白雪楼诗集

汪时元没有辜负李攀龙的期望，在隆庆四年（1570）刻印了十二卷本的《白雪楼诗集》，此外，还陆续刻印了《沧溟集》《古今诗删》等，对李攀龙作品的宣传、流行和保护可谓功不可没。

一眨眼，二十多天过去了。

行走在光阴里的人，明白了：不必与流光争输赢，一切都是转瞬即逝的浮云。

临别时，李攀龙前去送行，赋《劳别子与》二首和《和子与留别》二首。《劳别子与》其一感叹道：

> 武林山对海门开，不枉登临酒一杯。
>
> 十载故人零落尽，有谁还为度江来。

随后，李攀龙又去了宁波，查访那里的学校教学情况。

其间，李攀龙收到王世贞的来信。王世贞在信中说自己有再被朝廷起用的可能，然而，他因朝廷的腐败、仕途的艰难和父亲的冤案，已心灰意冷，不再抱有重出江湖之意。李攀龙希望年轻的王世贞，趁朝政清明，应该有所作为，并在分析"出"与"处"的关系时说，"出"与"处"均是人之常情，均要依据时局而定。

不久，王世贞得到河南按察副使、整饬大名等处兵备的任命，李攀龙寄信催促王世贞上任。在随后的一封信里，李攀龙分析道：如不赴任，可能会导致灾祸。

李攀龙之所以力劝王世贞赴任，除了有感于王忬等冤案已昭雪和时局已转向清明外，从根本上说，是根深蒂固的儒家思想在起作用。

在《元美起家按察河南寄促之官》一诗中，李攀龙劝王世贞与自己一起入世，退一步讲，一旦仕宦之路行不通，就把这些经历当作"玩世"，到时再急流勇退也不晚。这既是劝王世贞入世的一个手段，也是李攀龙真实想法的流露。

五月底，李攀龙晋升为浙江布政司左参政。

六月，因皇帝立太子，各地官员纷纷给皇帝敬献祝颂的文表。李攀龙作为浙江布政司左参政，也随之奉贺表北上，离开杭州时，写了一首《皇太子册立

入贺》:

> 燕台依旧郁相望，玉树金茎是帝乡。
>
> 凤阙双悬云五色，龙楼交映日重光。
>
> 九天气王旌旗动，三殿风清剑佩长。
>
> 伏谒不违颜咫尺，十年西省愧为郎。

过吴门时，遇见王世贞兄弟俩，李攀龙力劝他们赴任。二人遂决定上任。

八月二十五日，李攀龙抵京。

九月三日，李攀龙进皇宫，觐见隆庆帝，敬献贺表。

九月九日，恰值重阳登高节，徐中行抵京。

徐中行在家乡听说李攀龙要离开浙江的消息，立即奔赴杭州，想再见李攀龙一面，但紧赶慢赶，也没追赶上，感到十分遗憾。此时，王世贞正准备赴河南任职，徐中行便与他同行，然后赴京。

在济宁，两人分手告别，各奔前程。

进了京城，徐中行与李攀龙相见。两人喝着黄花酒，观赏着天上的一轮秋月，谈论着诗歌，甚是欢喜。徐中行有诗道：

> 秋风几日到长扬，浊酒新开汉苑旁。
>
> 燕市十年还二子，龙山何处更重阳？

其间，李攀龙和徐中行还在京城遇见了抗倭英雄戚继光。

在给戚继光的信中，李攀龙说："讵意假道还朝，披睹长者，欢如平生。不常款接，谬辱清裁，愈益瞻注……不佞与里闬之荣施，获望见颜色，不胜大愿。"

九月十八日，李攀龙上殿辞别皇帝。

十月，李攀龙从京城启程，曰济南探望年迈的母亲。

或许是随着年龄的增长、阅历的加深、少年锐气的消退，这次回到家乡，李攀龙早年的疏狂有所改变，在为人处世方面，也变得亲和、谦逊，与官员们交往，不再像过去那么冷淡。有地方官员前来交结，他也能前去迎接，并与之书信往来。

明朝宁献王六世孙朱多煃，善词赋，喜欢与文人雅士结交，曾通过同乡余德甫结识了李攀龙和王世贞。当年，因他是皇室后裔，李攀龙与他交情也就不深。这次回乡后，李攀龙也开始与在江西的朱多煃交往唱酬。后来，朱多煃入七子诗社，王世贞把他列入"续五子"之列。

在济南探亲期间，其好友徐中行在京城候选，得补武昌道。然后，徐中行离开京城，兴高采烈地前去赴任。走到德州平原时，徐中行顺道来到济南，拜访了李攀龙。二人见面，格外高兴，又是一番饮酒唱和。李攀龙在《送徐子与之武昌》中写道：

> 使君安在武昌城，江汉双悬宪府清。
> 共许登高能作赋，不妨乘暇一论兵。
> 翛然白雪千人和，飒尔雄风万里生。
> 更忆南楼明月好，欲携佳兴与纵横。

隆庆皇帝在位的六年，是把持政权的两大集团人物权力交替之际，原来的严嵩父子的强权集团倒塌，而新的张居正强权集团还未大权在握。在这段权力尚未高度集中在个人手中之际，"后七子"由于坚决反对严嵩父子而获荣誉，他们每个人也随之名声远扬，先后被起用或重用。

"后七子"成员的先后被起用，让李攀龙感到十分高兴，他希望徐中行在楚地能"翛然白雪千人和，飒尔雄风万里生"。

十二月，李攀龙在济南接到新的任命，由浙江布政司左参政升为河南按察使。随后，又得到消息，王世贞由按察大名转浙江布政司左参政，补李攀龙的原缺。

王世贞对接替李攀龙的原缺很高兴，且此地距离其家乡又近，于是，他很快就从冀、鲁、豫三省交界处的大名府启程，高高兴兴地赶赴浙江。

隆庆三年（1569）正月十六日，王世贞在赴任途中，路过济南，拜访了也即将上任的李攀龙。王世贞在《于鳞自浙藩迁长汴臬时予实为代，有赠》和《正月十六日于鳞会于齐河，挟一生为姑布术者》诗中，记录了此事：

> 十年清泌未蹉跎，已见三台岁里过。
>
> 盛世词坛牛耳在，中原宦迹凤毛多。
>
> 梁园再起千秋雪，汴水遥增万里波。
>
> 薇省至今江左地，代兴公意竟如何。
>
>
> 天涯得代非为远，元夕初过尚勒春。
>
> 小酌可成烧尾宴，壮心俱付耗磨辰。
>
> 原无蔡泽轻肥想，自喜桓伦历落人。
>
> 不是夸君轻去就，五湖生事未全贫。

李攀龙热情洋溢地唱和了一首《早春元美自大名见枉齐河》：

> 如此春醪醉莫辞，中原携手即佳期。
>
> 何人命驾能千里，与尔弹冠又一时。
>
> 岳雪故应回匹练，江潮今复借褰帷。
>
> 比来慷慨悲歌地，河朔风流更有谁。

两人分别之际，李攀龙又作一首《送河南按察副使王公元美自大名之任浙江左参政序》，放入信中并派遣仆人追送给王世贞，信中谈到了对王世贞的依依惜别之情。

人们常说，人生何处不相逢。其实，很多时候，在两个告别的人转身的那一瞬间，就真的从此天涯相隔，无处相逢，永不再见。

是的，转身一别，就是一生。

长亭外，古道边，芳草碧连天。晚风拂柳笛声残，夕阳山外山。

人生如逆旅，我亦是行人。

我不知道，当年李攀龙和王世贞分别时，眼里翠绿的春草是否望不到边；但我知道，离别后的他们，眼里的泪水，都滑落在了忧伤的心头。

离别的背影，往往拉得比记忆的影子还悠长。

JINAN 济南故事

第九章

长留白雪照乾坤

独领文坛二十年，声华意气盖海内。

李攀龙去世消息传开后，一时间，引起大江南北众多诗人的关注，一大批文坛、政界人士及隐士、高人、词客、僧道奔走相告，纷纷写诗文悼念这位诗坛陨落的巨星。

隆庆三年（1569）二月，李攀龙带着母亲张氏及李驯母子到开封上任。

两年前，李攀龙从济南启程赴浙江上任时，就想带上母亲。当时，母亲嫌路途遥远，就没跟随到浙江。这次任职河南开封，离济南近便，于是，在李攀龙的一再要求下，母亲张氏就答应下来，同时带上了李驯母子，到了河南也好有个照应。

到了开封，李攀龙对母亲精心照料，以此报答母亲对自己的养育之恩。李母膝下有儿孙围绕，享受着天伦之乐，生活得充实而愉悦。

勤勉工作之余，李攀龙依然喜欢广交文朋诗友，赋诗唱和。河南有很多官员和读书人，闻听李攀龙的到来，欢欣鼓舞，宴饮相庆。李攀龙变得不再恃才傲物，也不再端着自命清高的架子，很快与他们融在了一起，相互往来，一派和气。

三月，李攀龙收到徐中行寄达武昌的书信。同时，李攀龙知道了"后七子"之一的吴国伦从福建邵武到了广东高州，写了两首怀念过往岁月的诗《吴使君自邵武之高州》，赠给了吴国伦：

其一

先朝五子结交情，一日青云满凤城。

汉主怜才全作署，楚臣能赋玉为名。

已应龙自延津起，那更珠还合浦生。

直置壮游消不得，才兼迁客重纵横。

其二

中原五马日骓骓，岭外翻传俗吏稀。

逐客也须常作好，使君安见远游非。

庶无疾病堆乘兴，况有登临可当归。

漂泊秋风同一叶，几时还向洛城飞。

六月，李攀龙得知另一位"后七子"成员——张佳胤从广西布政司左参议职位上调任河南按察司副使的消息，感到十分惊喜，随即写信给他，表示祝贺。李攀龙对一些昔日的知己得到重用是真心的欢喜。

此时，其好友许邦才正在开封任周王府长史。于是，李攀龙约许邦才在其开封的寓舍"梁园"相会。此后，两人经常聚在一起，彼此交往唱和。这期间，许邦才还把他结识的开封名士西亭先生引见给了李攀龙。

西亭先生即朱睦㮮，字灌甫，号西亭，是明代的藏书家、学者；因晚年在开封城东陂上构筑讲学的处所，又称"东陂居士"。他是周定王六世孙，封镇国中尉。其自幼好学，20岁通五经，精于《易》《春秋》，藏书极富。明初，全国私人藏书之富，推江都葛氏、章丘李氏，两家藏书散出后，他全部购去。他当时家居于汴梁（今河南开封），就其宅西建书堂5楹，名"万卷堂"。他将书类分为经、史、子、集四部，用各色牙签识别。

许邦才到开封任周王府长史时，与名士西亭先生结识，并请他为《海右倡和集》作序。同时，西亭先生很早就闻知李攀龙的大名了。

李攀龙到开封后，他们之间自然少不了彼此交往唱和。

正当李攀龙激励自己像当年的诸葛亮那样鞠躬尽瘁、兢兢业业干一番事业时，这年闰六月初，其母张氏突发疾病，一夜之间就撒手人寰了。

千古伤怀，莫过死别。母亲的突然离世，对从小就与母亲相依为命又极其孝顺的李攀龙来说，是无比悲痛的。他悲伤地仰天长叹，"谁谓河广？力疾以迁。谁谓天远？喘息判然……未毕正伏，溘焉首丘！暴不及诀，危不及持。母岂自意，孤常是期"，"相视一诀，洞为肺肠"。

将母亲的遗体装殓后，李攀龙写下了《自河南告太恭人文》。

六月十三日凌晨，李攀龙启程将母亲的灵柩带回家乡安葬，让母亲落叶归根。

十五日，他渡黄河，出河南境。

十六日，一行至曹州，遇大雨，暂停上路。

二十日，李攀龙经濮阳，事先知道丧事的李先芳，当道祭奠。

二十五日，李攀龙抵达济南后，临时置棺待葬，选定十一月二十八日启父亲的墓穴，父母亲合葬。

突然丧母的悲伤，加上一路舟车劳顿，对李攀龙的精神和身体都是沉重的打击。依照惯例，他要守制三年，三年内，停止一切娱乐和交际活动。原本想重整旗鼓，与先后得到起用的朋友们一起，精忠报国，更希望母亲能有个幸福的晚年，可这刚钻出坚硬土壤的嫩芽，还没来得及舒展枝叶，就被生活的寒流冰封了。

那段日子，李攀龙一直沉浸在痛苦的思念中。他回想起母亲对他的关怀，"生实不德，乃至亲日侦其肥瘠"，在得到任命时，因家中没有积蓄上路，母亲就将自己的首饰变卖，给他置办行装，母亲不但没有一丝怨言，反而催促他赶快上路赴任。升河南按察使后，母亲一直照料着孙子，闲暇时，常常一个人，面朝着济南的方向，自言自语地念叨着。李攀龙知道母亲眷恋着故乡，人老了，也不愿在外漂泊，总觉得躺在老家的床上踏实、稳妥。异乡千好万好，不如家乡的屋前草。

李攀龙自责没能尽心尽孝，平日里，总是忙于公务或与文朋诗友交流往来，就是没有好好陪伴母亲、同她老人家拉拉家常，总觉得死亡离母亲很遥远，直到母亲突然离去，他才领悟到死亡离任何人都不遥远。

因过于悲伤，李攀龙精神疲怠、面容憔悴，再加上他身体向来羸弱，这次丧葬又耗费了他许多心力，身体状态大不如前。

李攀龙任职期间从不收受贿赂，因而举家清贫，母亲去世花去了他仅有的一点积蓄。他的经济状况每况愈下，李攀龙甚至有过典卖白雪楼的想法。

隆庆四年（1570）六月，李母周年忌日前后，张佳胤、殷士儋、李先芳等朋友先后致文祭奠。李攀龙分别致谢回礼。

此后，李攀龙的身体每况愈下，精力更是不济。在回乡守制的一年中，他除了受请托写了几篇碑铭序传之类的文章外，几乎没有诗作。一年来，他每天都郁郁寡欢，度日如年。回顾自己的仕宦生涯，他对"倏去倏就，三仕三已"的经历也能安然处之，不再有什么遗憾。

他感到有些累了。

天有不测风云，这年八月十九日，李攀龙忽然心痛病发作。第二天，李攀龙就在西关柴市祖宅里辞世了，享年57岁。

没有人知道他临终前的眷恋和不舍，也没有人知晓他闭眼前看到的天空中，是否有一只从桂花树上飞起的黄鸟。

他该是安静的，像一朵飘过流年光影的云。

从此，明朝的盛衰荣辱，是变成了一杯冷却的残茶，还是换成了一寸老去的斜阳，与他又有何干？

从此，世间种种，悲欢离合，爱恨情仇，与他再无一点牵绊，连同那吹落一地残红的晚风。

只是他诗里的笛里春愁，词里的梁间月色，谁能心有灵犀，读懂。

与谁相遇，一切皆在冥冥之中。

李攀龙走了，离开了生于斯长于斯的济南，离开了纷扰不已、宦海浮沉的场合，离开了春色萧条、客渡秋风的境地，离开了以伤绘乐、分分合合的凡尘，就像回归田园、拥山而居。所有喜与悲都已化为滋养万物的尘与灰。

如果还有不死不灭的，那便是骨头支撑起的诗魂。

隆庆五年（1571）三月十一日，济南举行盛大仪式，安葬李攀龙这位文豪巨匠。驻济南府的山东诸要员参加了仪式。

巡抚梁梦龙在其祭文中有"驰骋汉秦，睥睨当世。垂天之翼，纵海之鳞。奇葩元藻，招揭古今""惟公体道，忠孝不渝""调掩阳春，楼空白雪。箕尾上乘，文光不灭"等赞美之词。作为地方大员，其对一代文化名人的尊敬，反映了一个时代思想、文化、信仰、精神的风气和面貌。

布政使徐栻、副使徐用检、都指挥金事李希周等的祭文中有"文风丕变，桃李门墙。河洛澄清，风纪提垆""孔孟故里，公之故乡。圣贤至教，公已备尝。天假数年，鸿就更张"之语，既是对李攀龙在文化上的贡献给予赞扬，又是惋惜老天不给李攀龙更多的时间来展示才华，实现抱负。

李攀龙的生前好友也纷纷赶来祭奠。

殷士儋写的墓志铭充满了深情厚谊，并且言简意赅，高度概括了李攀龙为"古大雅者""当代之宗工巨匠"。铭文从三个方面对李攀龙的一生做了总结：一、李攀龙作为文化的传承者，"铲削巧利，涤濯滓垢"，弘扬正气，崇美扬善；二、李攀龙作为士大夫、为官者，"以缘吏事，罔试弗理。入掌庶狱，出典大邦，柄文持纪，书狱狱平，治人人安，风士士起"，公正无私，依法守纪，是正直的好官；三、李攀龙是一个真诚、有志向、有学识、生活节俭的人，他的品格，堪为士林之典范。

许邦才作行状，叙述了李攀龙世系、生平、生卒年月、籍贯及事迹并有祭诗《哭沧溟祝兄》。

李先芳惊闻李攀龙噩耗，作诗《五哀诗·李沧溟宪长》悼念：

> 鲍山宿草几经秋，历下犹传白雪楼。
> 白雪调高人寡和，鲍山云尽水空流。
> 断肠魂梦通今夕，握手交情忆昔游。
> 晓倚东门占紫气，真人倘许驾青牛。

时任山西按察使的王世贞，千里迢迢派遣使者前来祭奠，他写的《祭李于鳞文》言辞激切，悲情深挚："推子文章，珠藏玉府。示世模楷，为明粉黼。独立熙台，子鼓余舞。炳烺长夜，追琢万古。余所心悲，郁曲龃龉。千二百言，亦足以吐。其未竟者，酹而告汝……忽传子耗，既疑且愕。曾未回睫，家祸亦作。髓泪骈枯，肝腑寸凿。"

1929 年拍摄的李攀龙墓

这天，李攀龙安葬于北马鞍山东麓。[①]

独领文坛二十年，声华意气盖海内。

李攀龙去世消息传开后，一时间，引起大江南北众多诗人的关注，一大批文坛、政界人士及隐士、名流、词客、僧道奔走相告，纷纷写诗文悼念这位诗坛陨落的巨星。"历下青山成夜壑，楼中白雪化哀涧"（云间莫是龙）；"一断朱弦空日月，长留白雪照乾坤"（谯园曹昌先）；"太白星沉沧海夜，岱宗云散大荒秋"（岭南欧大任）；"青衫独下江南泪，白雪空吟海右章"（玉峰梁辰鱼）；"岱岳烟云秋黯淡，鲍山风雨夜凄凉"（瑞郡况叔祺）；"琴逢山水难为调，眼到乾坤始信君"（四川张佳胤）……这些深沉的诗句，说明李攀龙标举高古的诗风影响深远，广为诗坛所推重。

---

①　据侯林先生考证。

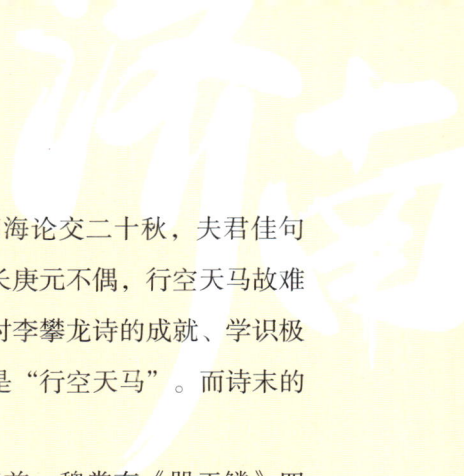

"后七子"之一的李先芳作《寄吊》诗："四海论交二十秋，夫君佳句胜曹刘。怀中久握连城璧，历下重开白雪楼。入梦长庚元不偶，行空天马故难留。灌园剩有山翁在，倚杖柴门哭未休。"李先芳对李攀龙诗的成就、学识极为推崇，称李攀龙是他的心中独一无二的启明星，是"行空天马"。而诗末的"倚杖柴门哭未休"，则感人至深。

　　另外，徐中行有《滇南闻于鳞讣哭之以诗》四首，魏裳有《哭于鳞》四首，山东巡抚梁梦龙率诸僚有祭文。

　　是年，汪时元校刻十二卷《白雪楼诗集》印行，王世贞、徐中行、余曰德写诗，追念这位诗坛领袖。

　　次年七月，李攀龙的长子李驹①派遣使者前往太仓追吊王世贞母亲的丧事，并把李攀龙手稿带给王世贞，请他整理刊刻。王世贞边读李攀龙的诗稿，边锥心刺骨地怀念李攀龙。

　　王世贞随后把自己编的《尺牍清裁》增益至六十卷，第六十卷全部遴选李攀龙的书信；又为李攀龙的集子向汪道昆、徐中行邀序，在隆庆六年（1572）刊刻，书名《沧溟先生集》，此刻为张佳胤序。在此前后，李攀龙编选的《古今诗删》也由汪时元刊行，王世贞受托为序文。

　　李攀龙病逝后，不过30年间，其子孙多早死或夭亡，家道也随之衰落。王士禛《池北偶谈》记道："李沧溟先生，身后最为寥落。其宠姬蔡，万历癸卯，年七十

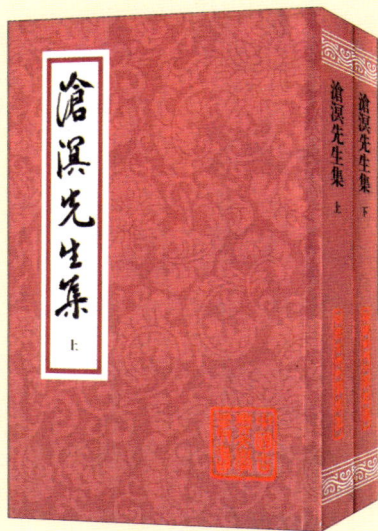

沧溟先生集

① 李攀龙之子李驹（字千里，号松盘）入为国子监监生，继承了其父的才华，成为一名散文家，并得到王世贞的褒赞。

余矣，在济南西郊卖胡饼①自给。叔祖季木考功见之，为赋诗云：'白雪高埋一代文，蔡姬典尽旧罗裙。'沧溟清节可知矣。"

明万历四十四年（1616）春，王士祯的叔祖王象春从南京吏部考功员外郎任上告病还乡，来到济南百花洲。这时，白雪楼已仅剩茅屋数间和"白雪楼"一块匾额。

望着昔日的"湖中楼"，王象春感慨万千：

> 白雪高埋一代文，蔡姬典尽旧罗裙。
>
> 可怜天半峨眉雪，空自颓楼冷暮云。

诗人在诗中感叹道：残破的白雪楼四周长满了荒草，埋没了一代让人敬仰的大诗人，李攀龙家道衰落后，只能依靠蔡姬苦苦支撑；可怜这曾经居住过被尊为"宗工巨匠"的地方，如今却空自冷落在苍茫的暮云之中。

回想当年红袖佳人蔡姬，如今也已变得颓然老丑。她以羸弱的肩头，挑起了支撑这个破碎家庭的重担。她先是变卖掉世居田产，然后，住回临近趵突泉的西关柴市祖宅，同李攀龙的另一侍妾卢氏和儿媳冯氏相依为命，靠着替别人家做针线活、卖一种类似馕的面食为生，即使这样，也常常连粥都没得喝，情境之惨，令人唏嘘。

王象春前去探访，看到白发青裙、年已七十多岁的蔡姬，不禁潸然泪下。临别时，他送了些银两，以周济她们。

后来，出于对李攀龙的景仰和对其晚年及死后家境遭遇的同情，王象春出双倍的价钱将碧霞宫西边的白雪楼残居买下，重新修葺，并更名为问山亭。为表达对前辈诗人的尊重，王象春作竹枝词《得于鳞湖边旧舍居之》一首：

> 草堂略似浣花居，珍重先生手泽余。
>
> 不比谢墩争姓字，但须更贮满楼书。

---

① 胡饼，应该是指类似馕的一种烤制的面饼。馕是两面烤制，胡饼是一面烤制。李攀龙去世后，蔡姬回到广会桥西边的西关柴市。当时，那一带已是少数民族回民比较集中的居民区域，而回民常见的面食是馕。

诗后附记道：

于鳞先生城中书楼亦名白雪，在碧霞宫西，百花洲上。岿然一茅，颓敝不堪，晴则见星，雨则仰漏，五易主而不售矣。余以先贤故，倍直市之。仍其匾额不忍易。南山递翠，近渚飞香，恨无于鳞佳句酬之，恐屋宇羞余，又作《北山移》也奈何！

王象春著作《齐音》

王象春居于此处，读书赋诗之余，徜徉于济南的湖光山色之间，写下了有107首颂咏济南山水诗的《齐音》一书。其中，有写大明湖的，"万派千波竞一门，冈峦回合紫云屯。莲花水底危城出，略似镂金翡翠盆"；有写百花洲的，"宫泉先注百花池，池畔弦歌漾酒旗。秋老内园红叶落，沟中日日有题词"；有写北芙蓉泉的，"碧霞宫左北芙蓉，深苇荒芦闭乳钟。传说每年惊蛰日，居民床底吼蛟龙"；有写马跑泉的，"将军战马就悬崖，石底空闻吼怒霍。四铁一敲冰雪涌，始知赤兔本龙媒"；有写灌锦亭的，"檐牙直饮水中间，风送书声淑气还。只有此亭高且敞，雨晴欹枕看华山"；有写黑虎泉的，"泰山之下妇人哭，泉吼犹能悑啸风。何故焚香祀猛虎，生祠几处在城中"；等等。

另外，王象春还著有《问山亭集》等。

问山亭的主人隐退到了光阴背后，像安详的时光，倾听着泉水流过青石的声音。

新鲜的阳光落下来，镜涵池夯满了碧荷的气息。

未曾谋过面的那个诗人，在古风里吟唱："万派千波竞一门，冈峦回合紫云屯。"

一只青鸟，从天空飞过。

时过境迁。有谁还记得将白雪楼重新修葺的王象春？那座问山亭里的灯盏，照亮过多少吟咏济南的诗行？

是谁，将一百零七首七绝，咏唱给济南的山水？让人一想起水润的济南，心头就不免漾起一阵阵的柔波。

让人心向往之，就像记取最美的那一寸光阴。

清乾隆年间，济南诗人董芸也曾到访过李攀龙西关柴市祖宅，目睹了一个副省级官员后人的穷困潦倒。董芸感到非常伤心，他在一首竹枝词《柴市》中描述道：

> 柴市归来日又斜，蔡姬迟暮倍堪嗟。
> 罗裙典尽红颜老，断肠西郊卖饼家。

明代四大著名书画家之一、山东临邑（今属德州）已近54岁的邢侗，见到百花洲的白雪楼荒凉、破败的景象之后，专门给山东巡抚孙文融上书了一篇《上抚台孙文融》：

> 窃见历下李沧溟先生攀龙，葆真履素，取则先民，熔古铸今，蔚为代宝，海内缀文之士靡不宗之。而今五亩之宅已非文靖之旧，襄阳之里空标孟亭之名。门祚寥瘳，云仍仅仅，侗每询访人士，皆云李驹沦丧，有子继亡，止遗一孽孙，又复无母，才离褓褓，寄命嫠媪，是为驹者妇，僦居穷巷，托迹浮萍。并日无粗粝之食，经年鲜浆汁之馈，致令鲍山黄土作赤羼以笑人。鹊湖白云，化素虹而绕墓。其于今日，责在明公，唯侗含意欲申。
>
> ……伏愿明公下记所司，略损公帑，为赎数椽之敝屋，小复白雪之旧居。月或给米一石，岁布若干匹，藉以长养壮发，绵延后昆，一线犹龙之绪，实被如天之福，斯文一脉，其畴逆心。是在台端倡义，力此永图……

此信大概的意思是：李攀龙去世以后，他的儿子李驹不久也病亡，随即，他的孙子相继亡故，现只有李攀龙刚不吃奶的重孙，与曾祖母及祖母借居于穷巷，缺吃少穿，令人耻笑。为此，请求巡抚拨款，出资赎购白雪楼并置田以让李攀龙后人居住，并每月定期供应粮米、每年资助些布匹，以绵延李家香火，传承李攀龙的文脉。

邢侗的建议，很快得到了孙巡抚的支持。他责令当时刚到任一个月的历城县令陈采居为李攀龙立嗣，并购买良田、修建房屋，以供李攀龙后人居住。

明朝万历年间，十分敬仰李攀龙的山东右布政使叶梦熊，见李攀龙生前在王舍人庄东北隅建的白雪楼、百花洲上建筑的白雪楼和他读书的房舍都已成为一片废墟，瓦砾间也已长满了蒿草，特出资在李攀龙当年读书的勺沧园遗址附近构建了第三座白雪楼，以寄托对先贤的追念之情。

万历十七年（1589），白雪楼落成，此时距离李攀龙辞世近20年。

这就是后人所称的"泺源白雪楼"。

叶梦熊（1531—1597），字男兆，号华云，惠州府归善县万石里（今广东省惠州市惠城区）人，明朝大臣、军事家；嘉靖四十四年（1565）进士，官至兵部尚书、南京工部尚书、太子太保；著有《华云集》《五镇奏疏》《筹边议》《关西漫稿》《战车录》《运筹决胜纲目》《万世文字之祖论》等。

万历十四年（1586），朝廷考察内外官员，叶梦熊被评为"廉能第一"，升任山东肃政廉访使。叶梦熊制定"慎刑条约"，令诸司恪守，不得轻议乱逮，以防冤枉无辜，山东诸郡一时政清狱简。其曾任山东按察使、山东布政使。

建造一座新的白雪楼，绝对不是为了李攀龙一个人的问题，李攀龙作为明代"后七子"的领袖人物，举世公认的"风雅正宗"，是济南的文化标志、文化旗帜，他同时体现着济南文化与齐鲁文化的精神高度。难得的是，作为（日后）一名叱咤风云的战将与统帅，叶梦熊有着弥足珍贵的文化视野（他或许早年便是李攀龙作品的崇拜者与粉丝）。而且《明史》本传记载他的特点是"有胆决，敢任事"，这就是说，他看准了的事就会坚决果断地干，不怕承担责任。这与那些遇事瞻前顾后、患得患失的人们恰成对照，这样的人，往往是能干事且能干成大事的人物。白雪楼不仅要建，而且要建在济南风景最好的趵突泉上。建楼，不会没有阻力的，我们看到，叶梦熊毅然拿出自己的俸禄便知此事之不易（乾隆《历城县志》："于鳞即世，子孙沦亡，岭南叶公游宦历下，捐俸钱，起楼台于泺源隙地，如其题焉，非其旧也。《旧志》。"）。岭南叶公，亦是一位值得济南永远铭记的人物。（摘自侯林、侯环《在精神的高地上，那面猎猎飘扬的文化旗帜——李攀龙白雪楼考》一文）

万历四十二年（1614），巡盐御史毕懋康在泺源白雪楼西侧建起历山书院。可惜，白雪楼在明末因风雨剥蚀而坍毁。

南京礼部侍郎陈升在他的《登楼，怀于鳞先生》一诗中写道：

> 有心怜往哲，人去画楼空。
> 千载风流合，一樽意兴同。
> 泉仍当日白，花胜旧时红。
> 何处吟魂结？依依夜梦中。

编著《历乘》（即历城县志）的明代济南诗人刘敕以及光庐分别写有《醉歌，怀李于鳞》《趵突泉白雪楼》，这些诗充满了对李攀龙的缅怀之情，诗情真挚，同时，也对白雪楼的荒凉之境、对阳春白雪高雅文化的冷落表达了同情与关注，并希望白雪楼重新矗立在趵突泉畔，让后人领略大雅之韵。

清顺治十一年（1654），山东布政使张缙彦重建白雪楼。

清顺治十三年（1656）十月，39岁的诗人施闰章在山东做官。在考察教育期间，施闰章曾到李攀龙墓地拜祭。当时，坟墓四周没有任何树木，只有荒草布满了孤坟，还有牛羊在上面吃草；坟地的一侧，歪倒着一块无字墓碑。见此情景，施闰章眼里的泪水忍不住流了下来。

于是，施闰章撰写了碑文，派人竖立了墓碑。碑文写道：

> 呜呼，有明三百年，著作家众矣！献吉、仲默已还，称元美、于鳞，天下无异词。元美虎视四海，独亟推历下曰："汉朝两司马，吾代一攀龙。"盖歆然以身下之。迄于今家有其书，人耳其姓字，传诵其流风遗韵不衰。……论其著者，于鳞生平非先秦两汉书不读，非王、吴、殷、许、宗、徐辈不交欢；其为诗，环视诸公，非尽出己下则不出；考之词赋之科，可谓嘐嘐道古进取之狂士也。其诗，七言近体，高华典丽，有峨眉天半之目，拔其尤者，千人皆废；乐府五言古，摹汉魏；古文词，摹《左》《国》先秦，高自称引，及元美所标榜，颇失之太过，要之，非近代小家所能措手。夫文章之道，有利有钝，小则霸，大则王。于鳞崛起沧海，雄长泗上，诸姬主盟中夏，燕、秦、吴、楚之人翕然宗之，如黄河、泰岱，又如太原公子，望之有王气，斯固万夫之雄也。后之字者闻于鳞之风，皆振衣高步，追踪古作者，于鳞其有起衰之功矣！

施闰章

碑文写得简洁全面、深刻公允。此文与殷士儋的李攀龙墓志铭、王世贞的李攀龙传，都对李攀龙的研究有着极其重要的史料价值。

施闰章在济南居官五年，曾先后修葺孟庙、闵子庙、伏生祠墓等，并写下了许多歌咏济南风物的诗作。如，《寻历下亭旧址》："荒亭更百战，往往皆逝波。古人不可见，来者自为歌。尘缨聊盥濯，杖策重经过。一城半湖渚，清风生荩荷。藉草酌我酒，数杯颜已酡。人生日苦短，流水一何多。"《趵突泉上白雪楼》："傍水新移白雪楼，凭虚霁色俯齐州。青冥古木垂天暗，日夜寒泉拂槛流。词客登临还作赋，岳云缭绕故生愁。鲍山东望成今古，草阁榛芜玉露秋。"《济南九日登历山》："看山结伴太逡巡，杖策贪趋采菊辰。天际长风真落帽，樽前今日是闲人。苍岩石壁孤城影，深洞莓苔古佛身。薄暮寒烟连海色，华峰千丈独嶙峋。"

施闰章在《游龙洞山记》一文中，对当时的龙洞山有很细致的描述："山皆积石，其西岩曰锦屏，丹壁苍藓，日月反照，烂若披锦。鹳雀蝙蝠，多巢石罅间。一穴深广，衔石瓮二，不知所自始……其东岩横入山腹者为龙洞。洞口空明，可布广席……微曦出岫，轻风在衣，山上下十里涧壑，声皆潺潺……"

雍正年间（1723—1735），白雪楼因无人管理，年久失修，出现了断梁、缺椽、碎瓦的情况，就像一株衰草，在风雨中飘摇着。清代济南诗人刘伍宽的《登白雪楼》一诗，描绘出了当年白雪楼深陷颓垣乱石、荒烟蔓草之中的画面：

> 凉秋九月号北风，月魄旁死光朦朦。
>
> 我来重寻旧游地，浊流散乱荆棘丛。
>
> 狐狸鼪鼯相叫啸，荧荧如豆青灯红。
>
> 推门大叫陟层梯，蛛丝乱络沧溟翁。
>
> 破窗半闭旋落叶，神橱姓字尘埃封。
>
> 呜呼公昔在明代，雄才大略惊儿童。
>
> 奔走中原众才子，后掩弇州前崆峒。
>
> 岂料今遭世冷淡，诗钵借为僧饭钟。
>
> 浮饰耳目已可鄙，倨傲且欲逞枭雄。
>
> 俗子只足败人意，睥睨宁能掩冬烘。

公卧楼上尔地下，对面不识宁非蒙。

叹息无言出门去，白雪楼高空复空。

跋突泉白雪楼孤立在杂乱的荆棘丛中——惨淡的月光下，不时传来狐狸们的嗷嗷叫声，还有老鼠厮打或受到惊吓的吱吱叫声；楼上到处密布着白色的蜘蛛网；破败的木质窗户，伴随着一阵阵冷风，不停地摇晃着。

为了济南文脉能继续传承下去，济南的许多名士四处呼吁，费尽了心思，绞尽了脑汁，不仅仅是为了修葺一座白雪楼，更重要的是为了风雅的正宗、为了对先哲的敬重。然而，现实竟是如此的残酷，苦苦的哀告与执着的争取，换来的却是怅然的收场与悲哀的结局。

曾在山东任巡抚长达八年的岳濬，在乾隆元年（1736）夏秋之际，也就是在他离任的前夜，命人将跋突泉畔的白雪楼强制拆除。

我们已无从知晓白雪楼被强拆的过程与经历，我们所能看到的，是当时济南诗人以悲愤铸成的一篇篇文字。如，任宏远在其《秋日游跋突泉，望白雪楼有感》一诗中写道：

池亭犹昔日，不见泺源堂（宋曾南丰建，仅存遗石）。

树色霜前老，泉声雨后凉。

骚坛盟主去，白雪又楼荒。

风雅悲沦落（楼为岳抚军所毁），低徊立夕阳。

诗写得凄凉之极，秋阳下白雪楼的一片废墟令人唏嘘不已。

我们不知道任宏远冒了多大的风险，如此正气凛然地将岳濬（岳抚军，即岳濬。抚军，巡抚也）的名字刻在耻辱柱上！

除了上面这首直斥岳濬的诗，任宏远还写有《吊白雪楼故址》：

无端海底劫飞尘，多少楼台没水滨。

白雪声名消不得，乡人犹说李于鳞。

　　深爱着济南的任宏远认为：白雪楼的被毁是济南的一场劫难；然而，毁楼者不会明白，在济南，在山东，并不能因为白雪楼的被毁而抹杀人们对李攀龙的崇敬。

　　白雪楼后世又几度重修，都被李攀龙九世孙李献方于光绪二年（1876）记录在了《重修白雪楼记》中：

　　先九世祖沧溟公白雪楼，初建于城东王舍庄，再建于湖上碧霞宫侧，后俱倾圮。明万历间，臬使叶公梦熊补建于趵突泉上，年久亦废。至国朝顺治十一年，藩使张公缙彦重建于历山书院，即今楼也。楼上供沧溟公木主，地方官春秋致祭。康熙三十九年，提学徐公炯重新之，颁有四照，令市民后人世守其地、勿许豪强侵占，恩至渥也。嘉庆八年，臬使金公光悌因保护名迹，为文勒石，逮道光十七年献方奉祀，结庐其下，开设花圃。为供奉香火之计，咸丰四年，请于观察陈公宽、邑绅吴公铭捐资重修，献方变产继之，轮奂一新，迄今完固。同治八年，请于观察丁公彦臣捐资助建厅舍三楹，为致祭官退息之所，并改建大门。少宰匡公源题曰："李沧溟先生祠"。同治十年，更筑围墙，以资防卫，请于臬使长公赓、运使郑公兰、观察萧公培元、太守豫公山、邑令刘公嘉干及本城绅士捐资共襄竣事。此历年重修之大概也。初，道光丁未年，

清朝末年的白雪楼

献方重雕公诗文集，贮于楼上，下设义学，男懋德令授徒其中。伏念奉祀以来，获食旧德而殷勤护持，俾世泽未湮，实赖诸大君子之力。因记颠末，以告后嗣世守勿替云。奉祀生李献方谨记。

光绪二年岁次丙子秋九月。计开四至：西至趵突泉东墙为界，南东北皆至河心为界。

而我们今天看到的趵突泉内白雪楼，则是济南市政府于1995年在原址重建的。

李攀龙的一生是短暂的，少年丧父，与寡母相依为命，在艰难困苦的日子里，他胸怀大志，成长为满腹经纶的诗人。作为官吏，他在史册上并没有多么辉煌的业绩和建树；但作为诗人，他却有非同寻常的历史地位，是举世公认的"风雅正宗"。他倡导复古与求真，要求"文必秦汉，诗必盛唐"，反对为当时统治阶级歌功颂德、内容空洞贫乏的"台阁体"。以他为首的"后七子"，开展了复古主义的文学运动，前后持续百年之久，影响很大，基本上摧垮了统治一时的"台阁体"，成为文坛主导力量。王世贞是复古运动的集大成者。李攀龙是复古运动的"护旗手"和实践家，他的《白雪楼诗集》《沧溟集》多次翻刻，各种版本流传大江南北，在明清两个朝代从未中断。他编的《古今诗删》，选各代之诗，影响颇大；后又摘取其中唐代诗歌编为《唐诗选》，成为当时通行的学塾启蒙读本，明清两代，影响远远超过《唐诗三百首》。

李攀龙一生创作诗歌

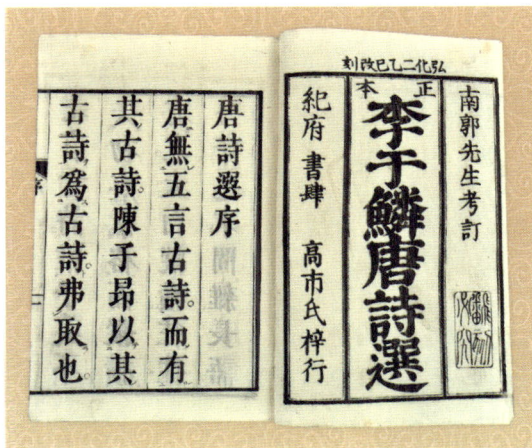

李于鳞唐诗选

1 400余首，尤以七律成就最高。其诗歌具有宏丽响亮、雄浑壮美的风格，堪称明代诗歌之明珠。

他还给济南留下了三座白雪楼：鲍山白雪楼、百花洲白雪楼、泺源白雪楼。

有的人，来到这个人间，是为了给暗淡的夜空增添一道耀眼的光芒。

有的人，离开这个世界，是为了给贫瘠的大地遗留一卷风雅的华章。

李攀龙便是这样的一个济南人。他内心简明疏旷，清澈坦荡，无论是忍受贫穷，还是安享富贵，他都从容以待，从不改变他的傲狂，只因为，他心里有山高水长，更有江山社稷。

李攀龙走了，离开了这四面荷花三面柳、一城山色半城湖的千年诗城，不再去忆那段春来归梦的过往，不再去看那幅苍龙半挂的沧桑，不再去听那支琵琶一曲的感伤，不再去想那封春尽鸿书的惆怅。他在十亩青萝里，将南山的黛色远远地眺望，等日落风清竹树林，就乘一叶仙舟，去了他的诗与远方。

他活出了自己的境界。

他有他的高楼雁，他有他的浮云意，除了白云流水见相从，已无别的牵与挂。

生以为念，死以为归。

李攀龙安息在济南山水之间，也算是叶落归根。

李攀龙去后，有各种褒贬不一的评价，不乏质疑之辞、指责之语、诋毁之言。可在这喧嚣的尘世，谁人不被评说？即使是皇帝和权贵又如何，何况是一傲狂的墨客。

御苑东风吹客过，共看芳草有离珂。

功过是非，自有后人评说。

相信西山白雪终将会入琴声，大雅之音自会高山流水遇知音。

攀龙不死，满天风月照精神。

JINAN 济南故事

第十章

诗人身后葬何处

朋友！这旷野是今人的坟墓，

但何处又是古人的坟冢？

且请把脚步放轻！

我想这地面正是由古人的遗骸构成。

他们虽早已离我们而去，

但对祖先还应脚下留情。

如有可能，请在空中缓缓而行，

切莫踏在人的遗骸上得意忘形。

……

浮华过尽，显出明月星辰；光阴似水，流过春暖秋凉。

攀龙西辞已缥缈，唯有大雅之音存，怅望天下草木深，逝者何处安身？滚滚红尘，谁还忆起"天开万里夕阳空""惊涛一片雪山来"？谁还记得"闻君忽忆阳春调，浊酒还开白雪楼"？

有谁还会怀念那去了远方而永不归来的诗人？

偶有巷陌人家，"平生突兀看人意"，才知道"人情原惨淡，世路故蹉跎"。

诗人李攀龙去世后到底归葬于何处，他的墓地到底在何方，众说纷纭，一直是一个谜。

此事成今昔，浮云见往来。

这原本不应该是一个谜！这是一个值得思考的问题。

此时，我想起了作家王开岭在《谈谈墓地，谈谈生命》一文中的一段文字：

倘若缺少了墓地，人类会不会觉得孤独而凄凉？灵魂毕竟是缥缈的，而墓地提供了一块可以让生者触摸到死者的地方……这在一定程度上抵御了死亡本身的寒冷和残酷。在心灵敏感的生者眼里，墓地不是冷却、凝固、窒息的存在，它拥有体温，生者的爱可以赋予它一切……在那里，人们和曾经深爱的人再次相遇，互诉衷肠，重温旧梦，消弭思念之苦。

从现在可查询到的各种文献记载中，关于李攀龙墓地有五种说法。

现在比较公认的说法是在济南北马鞍山东麓的墓地。原土墓高1.5米，墓前有三通石碑及石狮、石马、石人等。该墓于1975年平整土地时被毁。

现将三位作家关于李攀龙墓地考察、求证的文章录入，供大家参考。

明代大诗人李攀龙葬于何处？

雍坚

爷爷是赌徒，爸爸是酒鬼，这样的孩子长大后，一定是"赌徒＋酒鬼"的纨绔子弟吗？错。在明朝的济南，就有一个身世如此的人。他就是明代文坛"后七子"的领袖、大诗人李攀龙。

明隆庆四年（1570），李攀龙于济南西关柴市路南的家宅中去世，享年57岁（虚岁）。李攀龙生前曾先后在济南东郊鲍山和大明湖百花洲建白雪楼各一座，作为读书著文之处。他去世后，明万历年间，山东右布政使叶梦熊仰慕李攀龙，于趵突泉重建白雪楼以资纪念。趵突泉白雪楼在清代初年倾圮。清顺治年间，山东布政使张缙彦再次重建白雪楼。1960年，趵突泉公园扩建时，清初白雪楼被拆除；1995年，白雪楼在原址重建，楼中能看到李攀龙的塑像。

对于白雪楼，在文献记载中一直没有大的争议。但对李攀龙墓地的记载，各种历史文献却提供了数种说法。及至当代，这种争议依然存在。如1994年版《天桥区志》记有："李攀龙墓位于北马鞍山东麓。土墓高1.5米。墓前有三通石碑及石狮、石马、石人、石柱各二。该墓于1975年平整土地时被毁。现墓址旁仅存石人一个。"1997年版《天桥文史资料（第三辑）》记载："刘玉徵先生于1984年芒种前夕曾两次查访，其（李攀龙）墓在药山东麓。"2009年版《李攀龙诗文选》记有："攀龙卒后第二年，即隆庆五年辛未春三月十一日葬于历城东郊牛山之原，后迁祖兆历城西五里药山南麓。"

种种记载，孰是孰非？笔者不揣浅陋，对此加以考证和辨析。

一代大诗人李攀龙有着不同寻常的家世

李攀龙（1514—1570），字于鳞，号沧溟。明隆庆己巳年（1569），李攀龙生母去世时，李攀龙曾请同籍友人殷士儋为父母撰写墓志铭——《诰封赠中宪大夫顺德知府李公合葬墓志铭》。这篇文章因被收入殷士儋《金舆山房稿》

而流传至今，是考证李攀龙家世的重要文献。据此墓志铭记载，李攀龙祖籍长清，曾祖父李祯。李祯去世时，李攀龙的祖父李端尚且年少，为了生存，李端又带着老娘迁居济南西门外。在一贫如洗的家境下，李端靠赌博改变了命运，摇身一变成为西门一带的富商（"贫不自给，则往会博徒，一掷箕钱数万，遂为西门大贾矣"）。李端去世时给儿子李宝（攀龙父）遗留下很多家产，但李宝豪放不羁、嗜酒如命，能在酒宴上一人放倒四十人（"日惟从客浩歌放饮，能当上客四十"）。医为饮酒无度，重新导致家贫，李宝在36岁病死。这一年，李攀龙只有9岁。

富足优裕的童年自此戛然而止，李攀龙的家道从此中落，只能靠母亲张氏纺织艰难度日。在贫困环境中，他发愤读书，嘉靖十九年（1540），一举考取乡试第二名，3年后赐司进士出身。后历任顺天府乡试同考官、顺德知府、陕西按察司提学副使、河南按察使。

由一介布衣成为正三品高官，并不是李攀龙一生最值得称道的，让历史记住他的是，在明代嘉靖年间文坛上，他与王世贞、谢榛等倡导文学复古运动，成为"后七子"的领袖，被尊为"宗工巨匠"，时称"汉代两司马，吾代一攀龙"。

李攀龙自作的诗文，由其诗友王世贞整理编集为《沧溟先生集》。

而李攀龙生前所编的《古今诗删》，影响貌似更大，唐人张若虚那首《春江花月夜》，就是在此书中被李攀龙首次选收，自此流向民间，广为传颂，并获得"孤篇压全唐"之誉。《古今诗删》中的唐代诗歌部分，后又单独编为《唐诗选》，成为明清两代通行的学塾启蒙读本。

李攀龙葬于何地？ 各种文献记载提供了五种说法

李攀龙葬于何地？据笔者梳理，各种文献记载提供了五种说法。

1. "牛山之原"说。在李攀龙去世的次年，即明隆庆五年（1571），曾经为其父母撰写过墓志铭的济南诗人殷士儋，再次为李攀龙撰写了墓志铭——《明故嘉议大夫河南按察司按察使李公墓志铭》，此文因收入《沧溟先生集·附录》而流传至今。在这篇墓志铭中，作者写道"驹卜隆庆五年三月十有一日，葬公于牛山之原，徐恭人祔焉"。"驹"指攀龙子李驹，"徐恭人"指攀龙妻，她于隆庆丁卯年（1567）去世，墓志撰文者也是殷士儋。

2．"马鞍山东阳"说。从殷士儋为李攀龙父母所撰写的《诰封赠中宪大夫顺德知府李公合葬墓志铭》可知，"李公殁于嘉靖改元五月二日，墓在济南郡城西北马鞍山之东阳"。徐恭人于隆庆改元（1567）去世，当时李攀龙曾亲撰《亡妻徐恭人状》加以怀念，该文中说徐恭人"葬郡城西北马鞍山（即今天的北马鞍山）之东阳，祖兆南若干步"。由以上两文可知，马鞍山之东阳为李攀龙家的祖茔，而据李攀龙墓志铭可知，他死后当与徐恭人合葬，因此墓地也应在马鞍山之东阳的李氏祖茔。

3．"长清道中"说。明万历丁丑（1577）秋，李攀龙的友人王世懋从京城返回济南，忽念故人李于鳞（李攀龙）已经去世八年，于是想私自前往墓地拜祭，于是向于鳞的儿子李驹询问墓地位置，得到的答复是"先人墓在长清道中，毋烦间行也"。后来，在李驹引领下，王世懋终于得以到李攀龙墓前拜祭。而当时他见到的李攀龙墓十分简单，"仅一尺土丘中耳，无周垣封树，非得驹不能识也"。问其原因，李驹说"将卜迁别葬耳"。王世懋后来将祭拜李攀龙墓一事写成《东游记》一文，今在乾隆《历城县志》中尚能见其梗概。此文不仅提出李攀龙最初葬于"长清道中"，还提出其子将对其墓进行迁葬一事。

4．"柳沟"说。鉴于李攀龙在文坛和政绩上的名气，明代地方上都对其墓地有所记载。不过，志书上

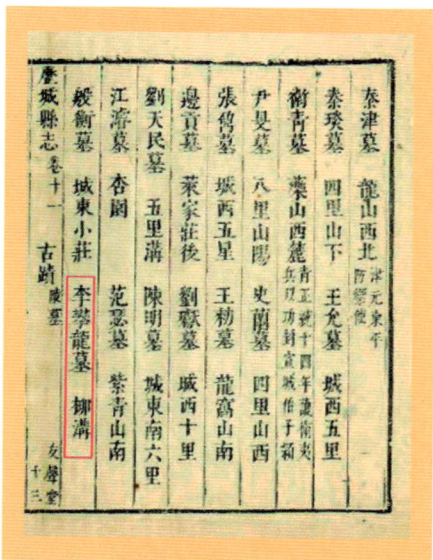

明崇祯《历城县志》上对李攀龙墓的记载

墓地位置与墓志铭记载又有不同。明崇祯年间成书的《历乘》和《历城县志》中分别记载，李攀龙墓在"黄同下柳沟"和"柳沟"。在清初济南文人的诗文中，此说也有所印证。如，诗人王士禛的《香祖笔记》曾有"李攀龙墓在柳沟"之记载。再如，诗人田雯曾作《柳沟拜沧溟墓》一诗，诗曰："下马拜沧溟，荒山乱石横。炎天无白雪，远树有泉声。边许才相映，鹊华峰正晴。弇州今已矣，谁重济南生？"

5．"药山之麓"说。清顺治年间，山东提学道施闰章曾亲往李攀龙墓凭吊，并重新撰写了《李沧溟先生墓碑》，时在顺治十五年（1658）。该碑文明确提出"（李攀龙）墓在城西五里许，皆下马拜，盖药山之麓也"。此说在清代文人诗文中也多次得到印证。如，曾经受学于施闰章的清康熙年间诗人张笃庆便写有《药山麓望沧溟先生墓》一诗，诗中有"山有岱兮水有海，沧溟遗响依然在。我歌《九辨》一招魂，楼头白雪流光彩"之句。再如，清代中期诗人周乐写有《拜沧溟先生墓》诗，诗中有"济南文献此堪师，药麓荒坟愧拜迟"之句。

李攀龙墓之所以扑朔迷离，源自不可忽视的"迁葬"

以上五种说法莫衷一是，陟了有地名称谓上的变化原因外，还有关键的一点不容忽视，那就是王世懋《东游记》中提到的，李驹拟将李攀龙墓"卜迁别葬"一事。也就是说，李攀龙葬地有两个：始葬地和迁葬地。李攀龙的始葬地为李氏先茔。由殷士儋《诰封赠中宪大夫顺德知府李公合葬墓志铭》和李攀龙《亡妻徐恭人状》可知，马鞍山东阳为李氏先茔所在地，而李攀龙始葬之地正是这里。据陈明超先生考证，马鞍山东麓临近黄岗，古为去长清之路。因此就李攀龙始葬地而言，"长清道中"与"马鞍山东阳"是同一个地方。

李攀龙家族虽然由长清、历域龙山镇（今属章丘）辗转迁居济南城里，但家族繁衍一度兴旺，据殷士儋《诰封赠中宪大夫顺德知府李公合葬墓志铭》记载，李攀龙这一辈就有兄弟五人。在李攀龙去世后，其子可能考虑到穴位安排比较紧张，于是对李攀龙墓进行了一次迁葬（当然，也许是出于改换风水的考虑）。此次迁葬后，李攀龙墓由马鞍山东麓迁至北面的药山东麓，李攀龙葬于"药山之麓"说正是源自此次迁葬。

至于明代志书上出现的"柳沟说"，据考证，"黄岗下柳沟"，确有其沟，正在北马鞍山和药山之间，先自药山下由西而东，再由北而南，自黄岗入小清河，今沟残迹仍在。因"柳沟"介于药山和北马鞍山之间，此说意指始葬地"马鞍山东阳"或者迁葬地"药山东麓"，似乎都说得过去。1941年出版的《济南名胜古迹辑略》则偏向于后者，称李攀龙墓在"柳沟药山之麓"。

值得一提的是，早在乾隆《历城县志》中，就已经意识到了李攀龙墓地因"迁葬"而带来的认识混乱，但作者没有搞清"牛山"在哪，因此错误地提出——"或者始葬牛山，后仍迁马鞍山耶"。原文如下——

"按：于鳞自作《徐恭人状》，云葬于马鞍山之东阳。旧志云'攀龙墓在柳沟'，正马鞍山之东阳山下也。殷正甫墓志乃云'葬于牛山'，王敬美记又云'在长清道中'，则与状及旧志皆不合。敬美又云将'卜迁别葬'，或者始葬牛山，后仍迁马鞍山耶？今马鞍山墓前翁仲、华表与明制按察使品级相符，而坊额但题'李氏先茔'，疑于鳞葬母时所立者。于鳞葬此实无所据。或施愚山同郝焜访闻得之，误以于鳞先人墓为其墓耳。然敬美所谓在'长清道中无周垣封树者'，竟不可考，惜哉！"

"牛山"或为"土山"之误写，而"土山"即北马鞍山

墓志是存放于墓中载有死者传记的石刻，因此，殷士儋所撰写的李攀龙墓志铭上提到的"牛山之原"当为最可信的始葬地。可这牛山位于哪里？查明清时期各个版本的《历城县志》，均没有牛山的记载，只是在济南东北郊有座卧牛山。或许是因为这个缘故，有人认为牛山在济南东郊。如李伯齐、宋尚斋、石玲选注的《李攀龙诗文选》中，在附录《李攀龙行年事迹考略》提出，"（李攀龙）隆庆五年辛未春三月十一日葬于历城东郊牛山之原，后迁葬祖兆历城西五里药山南麓"。这与李攀龙《亡妻徐恭人状》中提及的祖兆在"马鞍山之东阳"显然不合。1991年，两盒重要的墓志被位于北马鞍山附近的王炉村

村民送到济南市博物馆，它们是《大明敕封镇守山东等处龙虎将军上护军左军都督府都督卫公墓志》和《卫太夫人李氏墓志》，及明代卫青及其夫人的墓志铭，"文革"期间被人从北马鞍山西麓挖出后，由当地人收存。卫青墓志铭立于正统元年（1436），上写他"归葬于东藩城西土山之阳"，卫夫人李氏墓志铭立于天顺六年（1462），上也有"归葬于济南土山之阳"的记载。

2002年，这两块重要碑刻被收录于韩明祥先生所著《济南历代墓志铭》一书，它们揭示了一个重要问题，"土山"即北马鞍山之别称。

笔者据此认为，因"牛"与"土"字形相近，"牛山"应为"土山"之讹误。也就是说，李攀龙墓志铭上所写的他葬于"牛山之原"，其实应该是"土山之原"。这也许是最初刻碑者刻错了，也许是古籍刊刻时出的问题。

弄清了"牛山"之身份，李攀龙墓先葬牛山之原（马鞍山东阳、长清道中），后迁药山之麓（黄岗下柳沟）也就没有纠结了。

当代遗存也证实：李氏祖茔与李攀龙墓不在一处

"文革"期间，在济南北郊马鞍山东麓一明代墓中，还出土了李攀龙父李宝墓志铭《诰封赠中宪大夫顺德知府李公合葬墓志铭》一盒，石现藏济南市博物馆。2002年，此墓志铭也被韩明祥先生收录于《济南历代墓志铭》一书。笔者经比对发现，此墓志铭内容与历史文献中流传下来的殷士儋所撰文的《诰封赠中宪大夫顺德知府李公合葬墓志铭》几乎完全相同。由此进一步证实，马鞍山东麓为李氏先茔，而李攀龙父亲李宝正葬于此。至于"中宪大夫顺德知府"，为李宝死后因子贵，被朝廷追赠的名号。

据1997年版《天桥文史资料第三辑》记载，1984年芒种前后，天桥文史专家刘玉微曾两次到药山东麓查访李攀龙墓的旧事。"当时墓区内昔日的神道墓碑及石人、石马等在'文革'期间已无影踪，墓也遭到了破坏，其墓青砖所砌，为东西长形拱顶地上墓，上面覆盖着黄土呈圆形。墓门有两个，一大一小，据有关资料考证，小门是李攀龙之妻墓。"当年秋天，"李攀龙墓地已化为平地，建起了工厂"。

虽然刘玉徵先生1984年在药山东麓看到的情景并没有保存到今天，但此事的记载，足以说明李氏祖茔与李攀龙墓不在一处，是有确凿依据的。此外，需要辨析的还有下面一宗：

关于"李攀龙墓"的照片，文献中出现较少。最早的一张是1929年日文《亚细亚大观》中收录的一张题为《李攀龙墓前》的照片，照片中有望柱、石羊和仆倒的翁仲，远景上隐约可见一山头，貌似鹊山。2011年新出版的《药山春秋》中，在"李攀龙墓"一节中，附有李攀龙墓照片一张，由济南市城建档案馆提供，照片拍摄时间应为20世纪50年代，文中说"王炉庄北马鞍山东麓过去有明代诗人李攀龙的墓"。

笔者藏有济南市博物馆王建浩先生于1964年拍摄的马鞍山东坡李攀龙家族墓地照片两张：一张是自东向西拍摄的墓地全景，远景上可见马鞍山山顶建筑；一张是近拍的三座墓碑的照片，其中一通墓碑上可见"明李沧溟先生□碑"等字迹。经王建浩先生所拍摄照片印证，1929年日本人拍摄的《李攀龙墓前》照片和市城建档案馆所藏20世纪50年代李攀龙墓照片，所拍摄的景象均为马鞍山东麓李氏祖茔。至于王建浩先生照片中的"明李沧溟先生□碑"，据笔者分析，应该是清代中后期所立，并非明代就有；否则，乾隆《历城县志》中，就不会出现"而坊额但题'李氏先茔'，疑于鳞葬母时所立者。于鳞葬此实无所据"等表述。因为这通后立的"明李沧溟先生□碑"的存在，所以，后人进一步把李攀龙墓误认为是在马鞍山东麓。马鞍山一带的民间流传的"山西埋武将，山东葬文官"的说法，意即山西面有武将卫青之墓、山东面有文官李攀龙之墓，估计也是源自这通后立的"明李沧溟先生□碑"。

（参考新浪博客"客居济南"与"泱茫无垠"相关博文，特致谢忱。本文曾收录2012年版《济南文化论丛》第一辑。）

北马鞍山——一代文宗李攀龙始葬之地（节选）

刘权

　　济南有南北两座马鞍山，构成齐烟九点图景之一的，是位于药山、粟山之间的北马鞍山。

　　北马鞍山原名"鞍山"，海拔85.9米，西距粟山约0.7公里，北距药山约1公里。由于山体有一大一小两座山头，形似马鞍，所以得名；又因为两峰呈圆形，如同日月，还被称作"日月轮山"。北马鞍山又是齐烟九点中仅有的两座土山之一。这座其貌不扬的土山，在历史上却大有来头。

　　春秋时代，这里曾发生过一场著名战役。

　　公元前589年，齐、晋两国在齐国鞌地交战，史称"鞌之战"。对此，《左传》有详细记载："成公二年……师从齐师于莘。六月壬申，师至于靡笄之下。……癸酉，师陈于鞌。……齐侯曰：'余姑翦灭此而朝食！'不介马

北马鞍山

而驰之。……齐师败绩。逐之，三周华不注。""鞌"，都认为是位于今济南西北部的北马鞍山。"鞌之战"是《左传》描述的五大著名战役之一，成语"灭此朝食"就源于此。"鞌之战"还是晋景公争霸事业的重要转折点。经此一役，晋国与齐国结盟，并成为可以和楚国、秦国相抗衡的一方霸主。

在明代，一文一武两位豪杰长眠于此。

一代文坛"宗工巨匠"、"后七子"领袖人物李攀龙去世前三年曾撰《亡妻徐恭人状》悼念其妻，文中说徐恭人"葬郡城西北马鞍山（即今北马鞍山）之东阳，祖兆南若干步"，就是说李家的祖茔就位于北马鞍山东南麓。但关于其本人的墓地，则众说纷纭：一种认为，李攀龙死后与结发妻子合葬于北马鞍山祖坟；另一种认为，李攀龙死后先是草草葬在北马鞍山，不久又迁至药山东麓。现在来看，后者证据更充分，更接近于事实。撇去争论不谈，北马鞍山毕竟埋葬过一代文宗，也算是与诗人有缘了。

明代抗倭大将卫青及其夫人也葬于北马鞍山西麓。1991年，两方重要的墓志被位于北马鞍山附近的王炉村村民送到济南市博物馆，它们是明代卫青及其夫人的墓志，"文革"期间被人从北马鞍山西麓挖出后，由当地人收存。卫青墓志铭立于正统元年（1436），上面说他"归葬于东藩城西土山之阳"；卫夫人李氏墓志铭立于天顺六年（1462），上面也有"归葬于济南土山之阳"的记载。其中土山即今北马鞍山。卫青是上海松江人，做过山东都指挥使，对维护山东地方稳定做出过突出贡献，一生大多数时光都在山东及沿海抗倭中度过，其后世子孙也曾拜将封侯。至于卫青为何葬在这里还是个谜，应该与他早年在山东抗倭和治乱的经历有关吧。

也谈李攀龙墓址

耿仝

李攀龙墓址是一桩几年前的公案，那几年正是我不上博客的时段，昨天搜东西正巧搜到，顺便谈几句。

李攀龙（1514—1570），字于鳞，号沧溟。祖籍长清，曾祖李祯迁历城龙山镇，祖父李端迁居历城西门外。李攀龙的墓址是近年才消失不见的，1975年之前其址还是存在的，在马鞍山的东麓。但对其墓址，从乾隆《历城县志》开始就有两个疑问：一是李攀龙墓有没有迁葬过；二是史上说李攀龙墓址有五种说法，"柳沟""马鞍山东阳""牛山之原""长清道中""药山之麓"，孰是？这其实是一个问题，第一个问题是第二个问题衍生出来的，是为了解释第二个问题而提出的，关键还是如何解读五处墓址。

首先谈李攀龙墓迁址的问题，这个疑问来自李攀龙生前好友王世懋万历丁丑（1577）所写的《东游记》。文中记载，王世懋见李墓不树不封，仅一尺土丘耳，遂问李攀龙之子李驹何故，答曰："将卜迁别葬耳。"无论乾隆《历城县志》还是几年前的争议，都是以此为迁葬依据并解释墓址不同的。但这个设疑与墓址并无关系，因为，没有特殊原因的话，卜迁别葬仍是在祖茔的范围内，不会跑很远，那不符合两千年来的逻辑。为什

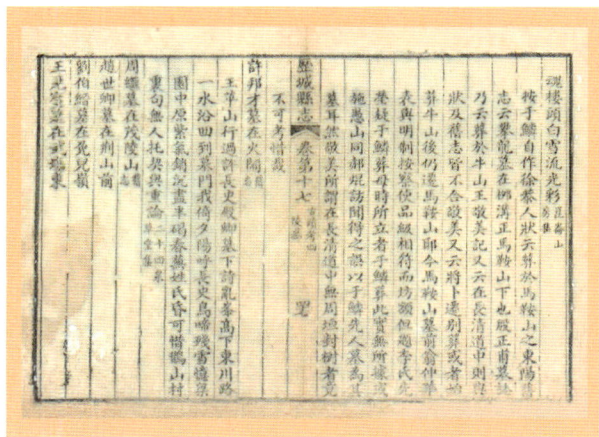

清乾隆《历城县志》对李攀龙墓的记载

么要"卜迁别葬"呢？大家都忽略了这个问题，其实很简单，李攀龙最初下葬在祖茔之外，要另选址归葬入祖茔，所以他不会离下葬的原址太远。有什么证据呢？隆庆五年（1571），殷士儋《明故嘉议大夫河南按察司按察使李公墓志铭》写道："驹卜隆庆五年三月十有一日，葬公于牛山之原，徐恭人祔焉。"李攀龙是与他老婆合葬了。而李攀龙的老婆徐氏比李早死几年，根据李攀龙撰《亡妻徐恭人状》，其妻卒于隆庆元年（1567）七月二十四日，当年十月四日"葬郡城西北马鞍山之东阳、祖兆南若干步"。李攀龙的老婆最初是没有埋进祖茔的，要等她男人死了一起埋入祖茔，这是常识性问题。也就是说，李攀龙没有按序列安葬，日后要在祖茔范围内迁葬。原因可能是其祖茔附地狭隘，周围的地当时没买过来，当然，这不在我们的探讨之内。后来迁坟了吗？显然是没有。康熙五十五年（1716），刘镇《重修李沧溟先生墓碑记》云："先茔上为先生祖父，稍右先生之子驹祔焉。"阴宅的上下跟地理的上下习惯上有所不同，即李攀龙墓在其祖父墓前，这与《亡妻徐恭人状》所记述的"祖兆南若干步"是一致的，李攀龙父李宝墓应在其祖父墓之右。顺治十五年（1658），施闰章《李沧溟先生墓碑》有"不封不树""牛羊蹢躅其上"等句，也可为《东游记》"不树不封""一尺土丘"佐。所以，李攀龙墓迁移是没有真正施行过的，后世所见的李攀龙墓仍是最初下葬的位置。

事实上，彼时李攀龙之子李驹是无力迁葬的。一则李驹在接待王世懋后不到三年就去世了，邢侗《历城陈令君为李于鳞先生立嗣置田记》言："于鳞先生厌世且三十年所矣，其子驹后先生十年奄谢。"王世懋在李攀龙死后七年来祭奠，而李驹在其父死后十年谢世，似乎没有精力谋划迁坟大计了。二则，也正如书龙兄所说："迁葬也可能是羞言'不树不封'的托词，《池北偶谈》言：'李沧溟先生，身后最为寥落。其宠姬蔡，万历癸卯年（1603）七十余矣，在济南西郊卖胡饼自给。叔祖（王象春）季木考功见之，为赋诗云：白雪高埋一代文，蔡姬典尽旧罗裙。'"李氏后人太穷了，甚至无力树封，所以才有了1658年施闰章、1716年刘镇对李攀龙墓的重修。

我们再来谈第二个问题——五处地名如何解读。其实，李攀龙的墓葬地址很清楚，就是马鞍山的东偏北、药山东偏南，是一个"十三不靠"的地方，会因为参照物不同而有不同描述。《历乘》云"李攀龙墓在黄岗下柳沟"，明崇祯《历城县志》记李攀龙墓在"柳沟"。王士祯（1634—1711）在《香祖笔记》里写道："李攀龙墓在柳沟。"1941年《济南名胜古迹辑略》称李攀龙墓在"柳沟药山之麓"。"柳沟"是哪里？结合"黄岗下柳沟"与"柳沟药山之麓"，"柳沟"当在药山之南，呈东西走向。《亡妻徐恭人状》言"葬郡城西北马鞍山之东阳"，按山南水北为阳，一般解释为北马鞍山的东南。其实，"山之东阳"的说法很少用，这里以山为坐标是非常不自然的。"阳"字当为柳沟之阳或小清河之阳，故"马鞍山之东阳"应解释为马鞍山之东、柳沟之北（或今小清河北），即北与鞍山的东偏北。殷士儋《明故嘉议大夫河南按察司按察使李公墓志铭》记为'牛山之原"，因为马鞍山旧称土山，某些人认为"牛山"为"土山"之讹，这是没有依据的，讹化的可能性几乎没有。"牛山"是哪里呢？其实"牛山"应该就是现在的金牛山，马鞍山东阳正是"牛山之原"，李攀龙的墓位于药山、北马鞍山、金牛山之间，"三不靠"，"柳沟""马鞍山东阳""牛山之原""药山之麓"其实是说同一个地方。那王世懋《东游记》所说的"长清道口"又是怎么回事呢？有人认为此处是历城自西南去长清的大路，所以有这样的说法，这是不对的，明清去长清的官路在炒米店一线，是不会跑到马鞍山的。《东游记》所说的"墓在长清道中"，其实是王世懋从齐河去长清的路途。齐河偏东过河正是泺口，自泺口南行过炒米店去长清的大道正与李攀龙墓相去不远，所以有"毋烦间行也，余甚喜过望"等语，王世懋不用绕远道，有大路直通，顺路就去了，自然高兴。

综上，史上李攀龙墓址的五种说法其实是一处，其址并没有变动过。[①]

此时，在这春暖的日子里，有多少人安静地坐在阳光下，默默地看着远处

---

① 耿全在其文章后留言：直到清康熙五十五年安葬的形制仍是旧日模样，仍在祖茔，其子已丧，又有谁来给他迁葬呢？

浩荡的河流、峻峭的山峰、大地的炊烟？有多少人在与另一个世界的亲人隔空对话？有多少人在那一刻感受到自己的渺小和无助？又有多少人真正读懂了泰戈尔"生如夏花之灿烂，死如秋叶之静美"的诗句呢？

此时，我再次看到了那个遥望白云高的故人，想到了他"但去卧芳草，山中鸿雁春"的诗句。

还有"青樽何处不蹉跎，白发相看一醉歌"。

此刻，我这样想：一个人的伟大，不在于有没有墓碑和碑文。

有的人，即使墓碑高耸入云，一旦离开了赞美，就不值一文；有的人，即使他的墓碑早已消失，他的姓名，依然是从大地上升起来的生命地标。

而这生命的地标，始终与人世间遥相呼应。

应该感谢那些将美德传到遥远时空的先哲，也应该感谢让我们感受到生命无比珍贵的所有逝去的人，更应该感谢那些给这个世界留下一些千古绝唱的诗句并让这个世界有了意义的诗人们。

此刻，人间依然温暖，太阳依然灿烂。

风吹着风，一往而深地将一些崇敬之羽，吹向比风还远的地方。

最后，请让我们闭上眼睛，轻轻地诵读一下阿拉伯古代著名诗人麦阿里《生与死》中的诗句：

> 朋友！这旷野是今人的坟墓，
>
> 但何处又是古人的坟冢？
>
> 且请把脚步放轻！
>
> 我想这地面正是由古人的遗骸构成。
>
> 他们虽早已离我们而去，
>
> 但对祖先还应脚下留情。
>
> 如有可能，请在空中缓缓而行，
>
> 切莫踏在人的遗骸上得意忘形。
>
> ……

附录

李攀龙年谱

明正德九年（1514）

四月十八日，明代著名文学家、"后七子"领袖人物李攀龙，出生在济南西门外的西关柴市路南，即现在的市中区长春观街。

嘉靖元年（1522）

五月，李攀龙年仅36岁的父亲李宝突然离世。

嘉靖九年（1530）

李攀龙娶徐氏为妻。

嘉靖十年（1531）

李攀龙补廪生。

嘉靖十六年（1537）

李攀龙得山东提学佥事王慎中赏拔，以"狂生"之名闻于诸生间。

嘉靖十九年（1540）

参加乡试，中举，得乡试第二。

嘉靖二十三年（1544）

参加甲辰科会试。李攀龙被取为三甲同进士出身。

嘉靖二十五年（1546）

33岁的李攀龙回到京师充任顺天府乡试同考试官，开始了他人生的崭新历程。

嘉靖二十六年（1547）

春，授刑部广东司主事，官职正六品。

嘉靖二十七年（1548）

中秋佳节，与谢榛、王世贞等诗人相识。这次聚会在中国文学史上意义非凡，因为这次聚会让他们发现彼此的政治抱负和文学理论都十分相似，于是，从此之后，他们就越走越近，到最后成为一个诗歌团体，也就是诗坛所称的"后七子"。

嘉靖三十一年（1552）

"后七子"主要成员先后离京。

春，写《送谢茂秦》送别谢榛。

六月，送别梁有誉，写《夏日同元美、子与、子相天宁寺送别公实》。

七月，写《送王元美序》，李攀龙提出了对唐宋派的批评。

十月，宗臣离京，写《送子相》《送子相归广陵》《送宗子相序》。

嘉靖三十二年（1553）

春，出守顺德（今河北省邢台市），为顺德知府。

嘉靖三十三年（1554）

写一组怀诸子诗，所怀念的诗人依次为：王世贞、吴国伦、宗臣、徐中行、魏裳、梁有誉，加上李攀龙为七子。

嘉靖三十四年（1555）

李攀龙出任顺德知府已三年，依例于是年冬进京上计。

在京，与王世贞、吴国伦、徐中行、宗臣等诗人宴集唱和。

年底，有隐退济南之念。

嘉靖三十五年（1556）

在京的七子成员相继外任。

七月，王世贞到顺德，探望李攀龙，两人切磋诗艺，酬酢应和。

夏，提升为陕西按察司提学副使。

同年底，在新乡与谢榛会面。过孟津，与贾守准夜谈。

到达陕西，时值地震繁发。

嘉靖三十六年（1557）

与李攀龙同年中举、同年中进士的好友，西安知府洪遇病逝，李攀龙倍感伤悲，生出退出政坛、辞官归隐而孝养母亲之意。

嘉靖三十七年（1558）

春夏之交，未等到辞职报告经吏部批准，45岁的李攀龙就拂衣而去，回到了济南府。

冬，李攀龙在许邦才陪同下到天井寺（今济南南部山区云台寺）。

同年，为延续香火，李攀龙又娶卢氏为妾。

嘉靖三十八年（1559）

正月，在青州任职的王世贞来济南，在李攀龙家喝酒谈论诗艺。

在王舍人庄东北隅筹建白雪楼。

江南的书画家周天球、戏剧家梁辰鱼专程来白雪楼与李攀龙相见。

同年，魏裳、郭子坤、龚勖、于鲸等人经常聚在白雪楼，渐渐地，这些诗友便形成了一个"历下诗派"。

七月，王世贞父亲王忬因得罪严嵩被关入死牢，王世贞匆忙奔赴京城。其间，李攀龙多次诗信打探消息并安抚王世贞。

秋，惊闻在福建出任福建提学副使的宗臣去世的消息后，李攀龙作《哭子相》四首以哀悼。

嘉靖四十一年（1562）

李攀龙在刑部时的同事魏裳，以刑部侍郎出任济南知府。从此，魏裳与李攀龙开始交往密切起来，两人曾一起登过泰山、同宿龙洞，交情不浅。魏裳也是李家的常客，是魏裳提议将鲍山楼改名为"白雪楼"，还亲笔题写"白雪楼"三字匾额。

秋，李攀龙和许邦才结伴游济南南部山区，写下了一系列歌颂家乡山水的诗篇。

嘉靖四十二年（1563）

王世贞从吴中寄信给李攀龙，说他们的朋友张献翼刊刻了李、王的唱和集《南北二鸣集》。

许邦才谋划刊刻李、许二人唱和诗集《海右倡和集》。

魏裳倡议刊刻十卷李攀龙的诗集，以《白雪楼诗集》为名刊刻，十月刻成。

隆庆元年（1567）

二月二十五日，姜卢氏为李攀龙生下一子，起名驯。

七月二十四日，李攀龙结发妻子徐氏病逝。

十月，正式任命下来，"起用原任陕西按察司副使李攀龙于浙江"。

十一月二十二日，李攀龙复职，从济南启程赴浙江上任。

隆庆二年（1568）

结识明朝抗倭名将戚继光。

三月，视察海防，检阅抗倭名将刘显率领的军队。

四月，徐中行来到杭州，与李攀龙聚会二十多天。两人一起游览了西湖、灵隐寺、保俶塔、大佛寺，所到之处，都写有诗作。

五月，晋升为浙江布政司左参政。

六月，李攀龙奉贺表北上，离开杭州。

八月二十五日，抵京。

九月三日，入殿觐见隆庆皇帝朱载垕。

十月，抵达济南，住家两个多月。

十二月，接到新任命——河南按察使。

隆庆三年（1569）

二月，奉母到开封任所，同行有李驯母子。

结识开封名士西亭先生。

闰六月，李攀龙母亲张氏逝世。

隆庆四年（1570）

六月，李母周年忌日前后，张佳胤、殷士儋、李先芳等朋友先后致奠章。李攀龙分别致谢，此后他的身体每况愈下，精力更为不济。

八月十九日，李攀龙忽然心痛病发作。

二十日，李攀龙在他的出生地西关柴市祖宅（今济南市市中区长春观街）病逝，卒年57岁。

《白雪楼诗集》十二卷出版，前有汪时元作序。

隆庆六年（1572）

《沧溟先生集》出版，王世贞编订，张佳胤作序。集凡诗十四卷、文十六卷、《附录》一卷。此本刻印精美，世称"隆庆本"，后世所传是以此本为母本。

（陈城成　整理）

图书在版编目（CIP）数据

李攀龙：风雅长留白雪楼 / 陈忠著. — 济南：济
南出版社, 2021.7
　（济南故事 / 杨峰主编）
　ISBN 978-7-5488-4721-2

　Ⅰ. ①李… Ⅱ. ①陈… Ⅲ. ①李攀龙（1514—1570）
—传记 Ⅳ. ①K825.6

中国版本图书馆CIP数据核字（2021）第115375号

李攀龙：风雅长留白雪楼

LIPANLONG:FENGYA CHANGLIU BAIXUELOU

出 版 人：崔　刚
图书策划：李　岩
责任编辑：姚晓亮
封面设计：张　金
出版发行：济南出版社
地　　址：济南市市中区二环南路1号　250002
邮　　箱：ozking@qq.com
印 刷 者：济南新先锋彩印有限公司
经 销 者：各地新华书店
成品尺寸：170 mm × 230 mm　1/16
印　　张：12
字　　数：170千字
印　　数：1—3 000册
出版时间：2021年7月第1版
印刷时间：2021年7月第1次印刷
书　　号：ISBN 978-7-5488-4721-2
定　　价：66.00元